몸 투기

사람들은 왜 굳이
때리고 맞아가면서 권투를 하는가?

몸 투기

지은이 / 홍성훈
펴낸이 / 강동권
펴낸곳 / (주)이학사

1판 1쇄 발행 / 2017년 8월 31일

등록 / 1996년 2월 2일 (등록번호 제 03-948호)
주소 / 서울시 종로구 윤보선길 65(안국동 17-1) 우 03061
전화 / 02-720-4572 · 팩스 / 02-720-4573
홈페이지 / ehaksa.kr
이메일 / ehaksa1996@gmail.com
페이스북 / facebook.com/ehaksa · 트위터 / twitter.com/ehaksa

© 홍성훈, 2017, Printed in Seoul, Korea.
ISBN 978-89-6147-312-5 03300

이 책의 저작권은 저자가 가지고 있습니다.
저작권법에 의해 보호를 받는 저작물이므로 이 책 내용의 일부 또는 전부를 재사용하려면
저작권자와 (주)이학사 양측의 동의를 얻어야 합니다.

* 책값은 뒤표지에 표시되어 있습니다.

이 도서의 국립중앙도서관 출판시도서목록(CIP)은 e-CIP 홈페이지(http://www.nl.go.kr/ecip)와 국가자료공동목록시스템(http://www.nl.go.kr/kolisnet)에서 이용하실 수 있습니다. (CIP제어번호: CIP2017020560)

몸

투기

사람들은 왜 굳이
때리고 맞아가면서 권투를 하는가?

홍성훈 지음

이학사

일러두기

1. 인터뷰는 가능한 한 인터뷰이의 표현을 그대로 살리는 것을 원칙으로 하였으며, 가독성에 문제가 있는 경우에 한하여 최소한도로 수정하였다.
2. 부호의 쓰임은 다음과 같다.
   『』: 도서명, 신문명
   「」: 장 제목
   〈〉: 표, 사진, 영화의 제목

이 책의 저자는 저 하나이지만 그 하나에는
이미 다른 여럿이 포함되어 있습니다.
다음의 여럿에게 정도상 다르지만
본성상 다르지 않은 고마움을 전합니다.
송유림,
신영애, 홍태표, 홍숙영, 이준혁, 이서은,
송진수, 강영의, 송진홍, 송원석, 김소연, 송유나,
정문호, 김주희, 이규태, 이대일, 임윤택, 박능서, 공윤표,
정재은, 임양희, 강동권, 한충수, 황익주, 권숙인, 이길호, 이경묵,
고유정, 안섭민, 이예성, 류수경, 채수홍, 이현정, 오명석.

차례

I. 세기의 대결   9

II. 권투와 인류학, 그리고 체육관   19
  1. 마주침   19
    1) "거인권투체육관"이라는 현장   21
    2) 권투 선수 되기   25
  2. 구락부에서 체육관까지   32
    1) 마루와 링   38
    2) 빽   46

III. 세계 챔피언이라는 꿈   52
  1. 프로 권투: 돈을 걸고 싸우다   57
    1) 투기(鬪技): 누군가를 떨어뜨리기 위한 싸움   59
    2) 투기(投機): '큰 것 한 방'을 향해 인생을 건다는 것   71
  2. 프로 권투: 폭력과 파괴를 드러내다   79
    1) 사각의 링   81
    2) 불사의 몸에 대한 열망 그리고 헝그리 정신   86
    3) KO   102

IV. 첫 번째 쉬는 시간: 꿈과 현실 사이   108

V. 비록 세계 챔피언이 아닐지라도   **115**

1. 입문   **119**

1) 동작에의 입문   **121**

2) 장비에의 입문   **127**

2. 섀도복싱: 몸을 길들이다   **132**

1) 모방   **135**

2) 반복   **144**

3) 반성   **152**

3. 스파링: 서로가 서로를 길들이다   **157**

1) 몸 투기(投機): 싸움을 걸다   **162**

2) 몸 투기(鬪技): 호혜적 몸싸움   **170**

VI. 두 번째 쉬는 시간: 체육관 사람 뇌기   **104**

VII. 세기의 졸전   **200**

부록: 거인권투체육관의 구조 아닌 구조에 관하여   **207**

참고 문헌   **231**

I. 세기의 대결

2010년 9월 12일, 경기도 안양체육관 특설 링 위에서는 다음과 같은 혈전이 벌어지고 있었다.

경기 초반부터 부상이 심상치 않았다. 왼쪽 눈은 화산처럼 부어올랐고, 피는 계속 흘러 링을 적시고 있었다. 아직 경기가 반이나 남은 상황에서 주심은 링 닥터를 불렀다. 나는 '할 수 있다'고, '괜찮다'고 고개를 끄덕였다. … 도전자도 나만큼이나 절박했을 터였다. 단 1초라도 흔들리는 순간을 그냥 지나칠 리 만무했다. 상대는 부상당한 곳을 계속 공격해왔다. 왼쪽 눈은 아예 밀려 올라가 튀어나올 듯했고, 코뼈는 사정없이 욱신거렸다. 멀쩡했던 오른쪽 눈에도 이상 신호가 왔다. 눈이 잘 안 보이면 거리 조절을 못해 공격도 방어도 제대로 못한다. 그런데 시야가 점점 흐려졌다. 한쪽 눈은 링의 조명이 눈부셔 캄캄했고, 한쪽 눈은 뿌옇게 흐려졌다. … 피가 흐르고 눈두덩이가 퉁퉁 부어오르는 것보다, 정말 이대로 경기가 중단되어버릴까 봐, 나는 그게 더 겁이 났다. … 그러나 지금 이 순간은 영원히 다시 주어지지 않는다. 절대 물러설 수도 없고, 절대 질 수도 없다. 마지막 라운드로 향할수록 나는 더 악착같이 덤벼들었다. 눈이 잘 안 보여 막막하긴 했어도 두렵지는 않았다. 매일 쉬지 않고 8시간씩 훈련하며 몸에 새긴 감각을 믿고 본능적으로 공격했다(김주희, 2011: 7-8).

『한겨레』 신문은 이렇게 보도하였다.

'독했다.' 발랄한 '얼짱 복서'의 얼굴은 피로 물들었다. 왼쪽 눈은 퉁퉁 부어오른 채 감겨 있었다. 그러나 죽음을 각오한 투혼으로 이겼다. 허리부터 목까지 4개의 챔피언 벨트를 휘감은 김주희(24·거인체육관)는 "오늘은 아무것도 먹지 않아도 배가 부를 것 같다"며 웃었다. … 악조건 속에 일군 대단한 승리였다. 4년 전 골수염으로 오른쪽 발가락뼈를 잘라낸 수술 부위가 전날 크게 부어올라 제 컨디션이 아니었다. 게다가 상대 버팅으로 4회부터 왼쪽 눈이 부어올랐고, 5회에는 코피까지 흘렸다. 눈이 반 이상 감겨 주심이 경기를 두 차례나 중단시키고 링 닥터에게 검사를 받게 했다. 김주희의 얼굴과 그보다 키가 6cm나 작은 나가와(154cm)의 머리가 자주 부딪친 게 화근이었다. … 보기 드문 난타전 속에 경기장 열기도 뜨거웠다. 관중들은 매회 박수를 치며 김주희를 향해 "파이팅"을 외쳤고, "김주희! 김주희!"를 연호했다. 나가와는 김주희의 왼손 잽과 라이트 훅을 얼굴에 거푸 허용하면서도 꿋꿋하게 맞받아쳤다. 오히려 펀치 강도는 나가와가 더 매서웠다. 그러나 김주희는 7회 이후 상대 강펀치를 영리하게 피하며 연거푸 유효타를 날려 점수를 쌓았고, 주심은 결국 김주희의 손을 들었다. … 김주희는 "이렇게 어려운 상황에서 경기를 이겼으니 나중에 추억이 될 것 같다"며 웃음 지었다. 그의 스승인 정문호 관장은 "이르면 내년 초에 세계 7대 복싱 기구 중 이제 하나 남은 세계복싱평의회(WBC) 챔피언까지 따내 라이트플라이급 완전 정복을 이루겠다"고 포부를 밝혔다(『한겨레』 2010년 9월 12일).

잔혹함과 환희가 교차하는 순간에 대한 서로 다른 시선. 그러나 결과적으로 하나의 권투경기에 대한 두 가지 서로 다른 시선이 지향하는 바는 같다. 잔혹한 환희의 스펙터클, 혹은 성스러운 폭력의 스펙터클. 성공적인 스펙터클의 전시는 권투 선수를 일약 영웅으로 만들고 미디어는 그 영웅에 대한 서사를 재생산하고 유포한다. 그리고 이때 권투라는 스포츠는 영웅을 만들기 위해 폭력을 강제한다. 그렇다면 여기서 우선 커다란 질문을 하나 던져놓자. "사람들은 왜 권투를 하는가?"

채널을 돌려 시간의 주파수를 2015년 4월이 시작되던 무렵으로 맞추고 화면을 고정해보자. 국내 지상파 TV에서 꽤나 오랫동안 자취를 감추었던 프로 권투에 대한 별별 이야기들이 이례적으로 "창사 25주년 특별기획"이라는 특별한 이름 위에 "세기의 대결"이라는 더욱 특별한 이름을 덧붙여 달고 SBS를 통해 흘러나왔다.

> 메이웨더와 파퀴아오가 격돌하는 '세기의 대결'이 국내에 생중계된다. … 전 세계가 숨죽이고 지켜볼 꿈의 매치를 한국 팬들 역시 TV를 통해 시청할 수 있게 됐다. 역사에 남게 될 매치인 만큼, 이번 경기는 복싱의 모든 기록까지 갈아 치우며 화제가 됐다. 메이웨더와 파퀴아오가 받는 대전료는 2억 5,000만 달러 이상(한화 약 2,700억 원)으로 알려져 사상 최고액으로 기록됐다. 두 사람이 받는 돈은 1초에 1억 원가량이 되는 셈이다. 이 외에도 티켓 가격

과 유료 시청료 등 모두 역사상 최고 수준이다(SBS 2015년 4월 3일).

이제는 헷갈릴 정돕니다. '세기의 대결'이 쏟아내는 '역대 최고·최다 기록' 레이스 얘기입니다. 대전료, 입장료, 시청료에 이어 이번에는 어마어마한 스폰서 계약 내역이 공개됐습니다. 미국 ESPN은 이번 '세기의 대결'에 몰린 스폰서십, 즉 후원 계약 금액이 총액 1,320만 달러라고 보도했습니다. 우리 돈으로 따지면 약 142억 5,000만 원 정도네요. 종전 최고 기록이 350만 달러에서 400만 달러라고 하니 그 3배를 훌쩍 뛰어넘는 기록입니다. … 메인타이틀 스폰서는 총 5개로, 이 가운데 가장 큰 스폰서는 멕시코 맥주 회사인 테카테(Tecate)입니다. 우리에게는 조금 생소한 이 회사는 무려 560만 달러, 우리 돈 약 60억여 원을 이번 경기에 후원했습니다. … 이 밖에도 파퀴아오가 경기 당일 입을 바지, 즉 트렁크에 붙는 스폰서 광고 금액만도 24억 원이 넘는다는 현지 보도가 나오기도 했습니다. … 또 있습니다. 경기를 주관하는 라스베이거스 MGM호텔은 경기장 바로 바깥에서 대형 스크린을 통해 볼 수 있는 기회를 제공했는데, 이마저 150달러에 팔기로 했습니다. 우리로 치면 거리 응원 같은 건데 15만 원 넘게

내야 하는데도 현재 1만 5,000장이 모두 매진된 상태입니다. … 하도 '역대 최고' '최다'라는 수식어가 쏟아지다 보니 이제는 슬슬 무덤덤해지는 것도 사실입니다만, 이 계속되는 '돈 잔치'는 이번 대결이 역사에 기록될 만한 싸움이라는 방증이기도 합니다. 자본은 그 무엇보다 민첩하고 영리하니까요. '전무후무'로 남을지도 모를 대결이 얼마 남지 않았습니다(SBS 2015년 4월 26일).

메이웨더와 파퀴아오, 이 두 선수의 경기에 세계가 열광하는 이유는 무엇보다 천문학적인 '돈 잔치' 때문입니다. 우선 대전료만 해도 메이웨더가 우리 돈으로 1,600억, 파퀴아오가 1,100억으로 둘이 합쳐 2,700억 원이 넘습니다. … 입장권 가격도 어마어마합니다. 가장 싼 표가 160만 원인데 구하는 것 자체가 하늘의 별 따기인 데다가 링에서 가장 가까운 좌석의 암표 값은 무려 3억 원을 넘었습니다. … 미국에서는 집에서 TV로 보려고 해도 10만 원을 내야 하는데, 그래도 시청자 수가 지난해 월드 시리즈 최종전보다 1,000만 명 이상 많은 3,300만 명이 될 전망입니다. 광고료까지 모두 합치면 전체 매출 규모는 무려 4,300억 원에 달합니다. … 이 경기를 보기 위해 세계적인 스타들은 물론 이미 10만 명 넘는 팬들이 라스베이

거스로 몰려들고 있습니다. 2000년대 가장 완벽한 복서라는 메이웨더와 살아 있는 전설로 불리는 파퀴아오의 만남, 전 세계가 명승부를 기다리고 있습니다(SBS 2015년 5월 1일).

"전 세계가 숨죽이고 지켜볼 꿈의 매치"는 그렇게 호사가들의 입과 입을 달구며 이미지의 원본을 압도하는 이미지의 이미지로 재생산되어 결국 2015년 5월의 어느 일요일 오후 대한민국을 비롯한 전 세계의 수많은 구경꾼을 TV 앞으로 불러 모았다. 크게 차려진 돈 잔치 한 판! 매스를 향한 미디어는 영웅들의 서사에 "돈 잔치"라는 이미지를 덧붙여 새로운 기표를 생산하고 재생산하고 유포하는 데 일단 성공한다. 세기의 대결. 세기의 대결? 그런데 세기의 대결이란 무엇인가? 지금까지 주어진 이미지들로부터 내강의 필요조건들을 추출해 나열해보면 다음과 같다. 영웅, 폭력, 돈, 잔치…. 만약 프로 권투라는 스포츠가 영웅을 만들기 위해 폭력을 강제할 뿐만 아니라 곳곳에서 있는 대로 돈을 끌어모아 크게 한 판 벌이는 잔치라면, 세기의 대결이란 아마도 그런 것들 중에서 가장 강도가 센 무언가일 것이다. 그런데 그 강도가 세다는 것은 또 무엇일까? 그래도 명색이 세기의 대결인데 돈, 돈, 돈…, 그 무엇보다 민첩하고 영리하다는 그 대단한 돈이 강도의 전부일까?

I. 세기의 대결

아니면 폭력의 강도? 만약 강도의 구성 요소가 하나가 아닌 여럿이라면, 한낱 싸움꾼들의 치고받음에 불과할지도 모를 어떤 프로 권투경기를 전 세계의 역사에 기록될 세기의 대결로까지 끌어올리는 그 강도를 구성하는 나머지는 무엇일까?

 채널을 한 번 더 돌려 1970-1980년대의 '헝그리'했지만 가난하지는 않았던 한국 권투계를 부분적으로 재현한 영화 〈챔피언〉의 몇몇 장면 속으로 들어가보자. 그곳에서 당시 한국 권투계를 주름잡고 있던 동아체육관의 관장은 "느그가 여기 온 이유는 한마디로 챔피언이 돼서 맨주먹으로 부와 명예를 한꺼번에 쥐고 싶다 이거다!"라는 프로파간다와 함께 당장의 호구지책이 절실한 촌놈 김득구를 영화의 주인공으로 위치 짓는다. 그리고 곧 변태의 과정이 이어진다. 촌놈 김득구는 "세상에 권투만큼 정직하고 공평한 게 있나? 어차피 똑같이 두 팔로 하는 거고 나만 열심히 하면 되는 거거든. 남들이 열 번 뺄 때 난 열다섯 번 스무 번 뻘으면 되는 거거든!"이라고 외치며 자기 의지를 다지고, 그 의지의 표면 위에 "게으름, 그것은 빠른 종말과 비참한 패배일 뿐!"이라든가 "신화를 만들기 위한 복서의 길을 걷자!"라는 등의 자기 세뇌를 끊임없이 덧대고 덧붙이면서 서서히 챔피언으로 변태해 나아간다. 물론 그 과정이 결코 녹록지가 않다. 몸이 아프고 마음도 아프다. 그렇기 때문에 "네가 약해지는 걸 보는 순간 상대는 두 배가 힘이 생긴다꼬. 니나 나나 복싱을 뭣 땜에 시작했노. 가진 거라곤 몸뚱이밖에 없기 때문에 아이가. 앞으로 니 눈앞에 서 있는 그 사람하고 싸우는 기야. 딱 한 사람만 이기면 된다. 이기는 게 승리가 아니야. 자신이 할 수 있는 최선을 다하는 거 그게 바로 인간 챔피언이야!"라는 스승의 어루만짐은 불안정한 애벌레의 변태 과정을 가까스로 안정시키기 위해 그때그때 투약되는 진통제로 기능한다. 결과적으로 세계 챔피언이라는 화려한 날개를 달기 직전의 물오른 애벌레 김득구는 "죽이는 거 아니면 죽는 거 둘 중 하나겠지…"라는 잔혹한 속삭임을 사랑하는 아내에게 건네며 죽음을 각오한 투혼을 몸에 새긴다. 사생결단. 죽이지 않으면 죽는다. 이제 김득구에게 죽음은 곧 본능이다.

 마침내 찾아온 절정의 순간, 강도는 최고조가 되었고 절정 이후 아낌없이 날개를 편 김득구는 선 세계의 역사에 흑색으로 또렷이 기록되었다. 세기의 대결. 세기의 대결? 다시 정리해보자. 영웅, 폭력, 돈, 잔치, 그리고 몸에 새긴 죽음을 각오한 투혼. 이 정도 조건들이면 이제 세기의 대결로서 충분한가? 혹여 그렇지 않더라도 이러한 이미지들을 염두에 두고 앞서 던져놓았던 커다란 질문을 환기하자. "사람들은 왜 권투를 하는가?" 굳이 왜 사람들은 맞아가면서 때려가면서 권투를 하는가? 그리고 이 질문에 대한 간단하지 않은 대답을 천천히

I. 세기의 대결   17

모색하기 위해 소위 "인간의 사회와 문화에 대한 경험적 학문"이라고 알려진 인류학의 연구 영역으로 감각의 방향을 돌려보자.

II. 권투와 인류학, 그리고 체육관

1. 마주침

2011년 11월 말 나는 수년간 지속되던 거리의 삶에 지쳐 기가 꺾인 상태에서 과거 권투에 대한 관심이 전혀 없었음에도 불구하고 그냥 거기에 마침 그곳이 있었다는 그냥 그런 이유로 프로 권투 세계 챔피언을 배출한 서인체육관에 발을 들였다. 거의 비슷한 시기인 2012년 설날에 어쩌다 마주친 그대를 통해 처음 알게 된 인류학이라는 낯선 무언가의 강력한 울림은 마침 기가 꺾여 허덕이던 나에게 생기를 불어넣어 거리에서 학교로 발을 돌리게 만들었다. 지나고 보니 생각하지도 못하고 알지도 못하는 사이에 나는 권투라는 세계에 발을 들인 동시에 인류학이라는 세계에 발을 들인 모양새가 되었다.

권투와 인류학의 마주침. 그런데 인류학이란 무엇인가?

물론 이 커다란 질문에 대한 명료한 대답을 여기서 간단하게 제시하는 것은 불가능하다. 하지만 그럼에도 불구하고 논의를 시작하기 위해, 우선 인류학의 필수 방법 중 하나가 "특정한 인간 집단의 삶을 생생하게 그대로 묘사한 글"이자 "낯선 민족에 대한 체계적인 기록"인 민족지를 작성하는 것(이용숙 외, 2012: 13-14)임을 환기해보자. 그리고 나서 한쪽 눈을 가리고 인류학자로서 나의 관점에 몰입해보면, "사람들은 왜 권투를 하는가?"라는 질문에 대한 대답을 모색하기 위해 권투 하는 사람들이 모여서 상호작용하는 삶의 현장으로 직접 찾아 들어가는 것은 방법론적으로 너무나 당연한 연구자의 첫 번째 과업이 된다. 다시 말해 소위 고전적인 민족지 연구자가 연구를 위해 하나의 마을이나 소집단에 직접 들어가서 현지의 언어를 배우고 현지인들과 장기간 더불어 생활했듯이(이용숙 외, 2012: 14-16), 현대의 민족지 연구자로서 나는 (물리적 경계가 뚜렷한) 일종의 마을이자 소집단인 어느 권투 체육관 안으로 직접 들어가 권투의 언어를 배우고 권투인들과 더불어 생활하는 방법을 선택한 것이다. 이러한 맥락에서 서울시 영등포구 문래동에 위치한 거인체육관은 명백히 인류학자인 나의 연구를 위해 선택된 현장이다.

    그러나 가렸던 한쪽 눈을 다시 뜨고 권투 하는 나의 관점을 회복하면 내가 그곳에 권투를 하기 위해 발을 들이게 된 상황은 연구를 위한 의도적인 선택이었다기보다는 그저 필연 같은 우연의 결과라고 말할 수밖에 없다. 물론 그 아무 이유 없는 마주침 속에 이미, 두 발과 두 눈을 가진 내가 권투와 인류학의 상호작용 속에서 거듭 새롭게 구성될 가능성이 배태되어 있었음을 부정하긴 힘들겠지만 말이다.

1) "거인권투체육관"이라는 현장

어쨌든[1] 나는 거인체육관에 발을 들였고 내가 그곳에 처음 발을 들였을 때 느꼈던 뚜렷한 인상 몇 가지는 여전히 내 몸 어딘가의 구석구석에 사라지지 않고 강렬히 각인되어 있다. 그중에서도 특히 강렬했던 세 가지는 그곳이 참 "낯설"고,

---

[1] 비록 "어쨌든"이라는 짧은 단어로 축약했지만, 인류학에서 연구자가 연구 현장(그리고 연구 대상자들)과 관계를 맺게 되는 이 마주침의 상황은 너무나 복잡하고 애매모호해서 "연구자가 연구를 위해 객관적으로 연구 대상을 선정"하는 부류의 방법론을 오롯이 적용할 수 없다. 다시 말해 사람이 사람을 연구하기 때문에 필연적으로 주체와 대상을 명확히 구분하기 어려운 인류학 연구의 특성상 연구의 주제나 연구의 대상은 현장의 상황에 따라 수시로 바뀌기 마련이고(이용숙 외, 2012: 60-62), 인류학 연구에서 흔히 당연한 전제로 여겨지는 현지 주민과의 라포르 역시 완벽하거나 어느 시점에 도달하면 완성되는 것이라기보다는 오히려 끊임없는 긴장 속에서 지속적으로 새롭게 만들어지는 과정이라고 할 수 있다(권숙인, 1998: 60).

"낡았"을 뿐만 아니라, 당최 그곳에 "사람이 없다"는 것이었다. 그런데 이 세 가지 인상에 대해 천천히 음미하는 작업은 오히려 거인체육관이 왜 인류학의 연구 대상으로서 적절한지에 대한 설명으로 변환된다.

　우선 "낯설다"의 문제. 인류학의 학문적 정체성을 "자기가 몸담았던 것과는 다른 사회 및 문화에 대한 연구를 통해 인간 행동 및 사고의 기본 원리를 찾아내는 학문이라는 관념"(황익주, 2010: 246)에서 찾을 수 있다고 가정하자. 그러면 이전까지 권투에 대한 관심이 전혀 없었고 권투 하는 사람을 만나본 적도 없었으며 특히나 피를 보는 것에 대해 보통 사람 이상의 공포감을 지닌 채 살아온 내가 정통 프로 권투를 표방하는 (숙련된 싸움꾼들이 서로 으르렁거리며 피 튀기게 싸우고 있을 것만 같은) 거인체육관과 마주한 상황은, 이전의 삶과는 완전히 다른 삶이 펼쳐지는 낯선 곳으로 온몸을 직접 던져 넣음으로써 "낯선 것을 친숙하게 볼 수 있게 되고 친숙한 것을 낯설게 볼 수 있게 되는 인식의 경지를 추구"(황익주, 2010: 250)하기 위한 첫걸음을 떼기에 적절한 현장을 찾았다는 것을 의미한다.

　다음으로 "낡았다"의 문제. 1960년대 이후부터 현재에 이르는 기간 동안 대규모의 철공 단지가 형성-확대-쇠퇴되는 과정을 거친 문래동3가는 건축 연도가 대부분 30년이 지난 낡은 건물들만 모여 있는 독특한 역사적 장소이다(오희택,

〈낡은 것과 새것〉 ⓒ2014 홍성훈

2011: 24-29). 가령 지하철 2호선 문래역에서 내려 깨끗하게 잘 관리된 아파트 단지의 숲길을 지나자마자 혹은 최근에 번쩍번쩍 으리으리하게 새롭게 조성된 벤처 산업 단지를 지나자마나 지각하게 되는 강렬한 쇠 깎는 소리와 쇠 깎는 냄새 그리고 무리 지어 있는 낡은 건물들에서 풍기는 특유의 스산함은 마치 1970-1980년대의 영등포 속으로 시간을 거슬러 들어선 듯한 착시 현상을 불러일으키곤 한다. 그렇기 때문에 이러한 오묘한 역사의 한복판에서 오랜 세월 동안 권투 선수를 길러내며 버텨온 낡은 거인체육관과 마주한 나의 상황은 권투라는 세계에서 살았고 살아오고 살아가는 다양한 사람에 관한

이야기에 귀를 기울임으로써 과거와 현재를 모두 아우르는 통시론적 연구를 시도할 수 있는 적절한 현장을 찾았다는 것을 의미한다.

이제 남은 것은 "사람이 없다"의 문제. 다짜고짜 체육관에 등록한 후 세상 그 무엇과 비교해도 지루하기 이를 데 없는 제자리 뛰기만 반복하던 초창기, 지루함 못지않게 나를 당혹스럽게 만든 체육관 특유의 분위기는 피 튀기게 싸우는 사람은커녕 그 어떤 평범한 보통 사람도 잘 나타나지 않는 데서 느껴지는 썰렁함이었다. 물론 "관장님"[2]은 체육관에 상주하고 있었고 언제나 나의 제자리 뛰기를 먼발치에서 지켜보며 직접 구령을 붙여주었지만, 아무도 없는 썰렁한 공간에서 혼자 제자리에서 그저 뛰고만 있는 것과 "사람들끼리 지지고 볶는 삶에 관한 연구"라는 인류학은 아무런 상관도 없어 보였다. 그러나 그 썰렁함은 어디까지나 체육관의 일면일 뿐이었고, 내가 유독 사람들이 가장 나타나지 않는 낮 시간에만 체육관을 찾은 탓이었다.[3] 바꿔 말해 거인체육관에는 그때그때 사람

---

2 "관장님"은 거인체육관에서 모든 관원에게 통용되는 호칭으로서 공식적이다. 관장님이 한편으로는 권부 연습생으로서의 나에게 권투를 가르치는 스승이라면, 다른 한편으로는 인류학 연습생으로서 내가 진행한 권투 하는 사람들에 대한 연구의 연구 대상이자 주요 정보 제공자이다.
3 낮 시간에 사람이 없다는 것은 체육관의 구성원 대부분이 권투와 관련

들이 출몰하는 강도에 차이가 있을 뿐 사람들이 없기는커녕 오히려 어떤 사람들이 체육관의 진정한 구성원인지 섣불리 판단할 수 없을 정도로 많은 사람이 끊임없이 들락날락하고 있었다. 이와 같이 권투에 대한 관심 외에는 별다른 공통점이 없어 보이는 다양한 사람이 독특한 방식으로 얽히고설켜 있는 사회적 시공간과 마주한 나의 상황은 스포츠 인류학의 주요 연구 관심 중 하나인 "인간의 몸의 매개를 통해 기존 사회집단들 간의 격리와 위계화를 넘어서는 유대 관계를 가능케 해주는 스포츠의 사회 통합적 기능"(황익주, 2011: 255)에 대해 진지하게 고민해보기에 적절한 현장을 찾았다는 것을 의미한다.

2) 권투 선수 되기

나는 거인체육관이라는 현장에 발을 들였다. 그리고 현대의 인류학에서 "순수한 관찰이나 기술은 가능하지 않으며 관찰자나 기술자가 의식하지 못하는 경우에조차 이미 관찰

없는 별도의 직업을 가진 성인이라는 것을 의미한다. 그렇기 때문에 "남들 바쁘게 일하고 있을 대낮"에 "나이도 먹을 만큼 먹은 이상한 백수 놈 하나"가 태평하게 자꾸 체육관을 찾아오는 상황은 관장님에게도 매우 낯설었다고 한다.

과정이나 기술 과정 자체에 어느 정도의 해석이나 이론화가 포함되어 있다는 점에 유의"(이용숙 외, 2012: 23)할 때, 거인체육관에서 권투를 새롭게 배워나가는 동시에 대학원에서 인류학을 새롭게 배워나가던 나의 상황은 체육관이라는 현장에서 관찰한 내용에 의문을 제기하고 다시 그 의문을 해결하기 위해 대학원에서 공부하고 그렇게 공부한 이론들을 또다시 현장에 적용해보는 선순환이 지속되는, 말 그대로 자료 수집 과정과 연구 과정을 인위적으로 분리할 수 없는 현장 연구(이용숙 외, 2012: 22-24)가 진행되던 상황이라고 할 수 있다.

연구와 일상이 자연스럽게 뒤섞인 현장 연구의 상황에서 나는 체육관 사람들과 지속적인 상호작용을 통해 "깊이 있는 관계를 맺고 이러한 관계를 발전시켜나가면서 눈으로 보고, 귀로 듣고, 입으로 대화하고, 가슴으로 느끼고, 몸을 움직여 행동하고, 머리로 사고하는 전 과정을 통해 관찰 자료를 획득하는 참여 관찰"(이용숙 외, 2012: 104-105)을 수행하고자 노력했다. 또한 자연스럽게 참여에 몰입하느라 오히려 놓치게 될지도 모를 객관적 자료를 확보하기 위해 지속적이고 깊이 있는 관계 맺음에 기반을 둔 (단순히 녹음기를 켜두고 한두 시간 이상의 내화를 나누는 피상적인 면담이 아닌) "내용상의 심층적인 면담"(이용숙 외, 2012: 144-152)을 수행하고자 노력했다.

그러나 무엇보다도 내가 거인체육관이라는 사회 안으로

보다 깊숙이 들어가서 그 사회를 구성하는 사람들과 깊이 소통하기 위해서는 먼저 그곳에서만 통용되는 일종의 현지어인 권투의 언어를 몸으로 직접 배우는 과정이 요구되었다. 왜냐하면 권투 체육관에서 몸을 움직이며 권투를 하는 사람들 사이에서는 언제나 어떤 언어적 혹은 상징적 매개 없이 몸의 움직임을 통해서만 지각할 수 있는 몸의 상호작용이 말의 상호작용에 앞섰기 때문이다. 다시 말해 거인체육관에서 권투 하는 사람들의 삶을 보다 잘 이해하기 위해서 나는 어쩔 수 없이 초심자의 몸에서부터 점점 권투 선수의 몸으로 변해가는 권투 선수 되기의 과정에 나의 몸을 직접 던져 넣는 방법[4]을 선택할 수밖에 없었던 것이다. 이 방법을 다르게 말하면 연구자의 몸을 도구로 사용하여 연구의 대상인 권투 그 자체를 총체적으로 이해하려는 시도인 동시에 거인체육관에서 권투 하는 사람들의 (예를 들어 때리고 맞는 순간순간의) 구체적 경험들을 보다 감각적인 차원에서 이해하고자 노력하는 시도라고 할

---

[4] 스포츠를 (문화의 또 다른 측면을 이해하기 위한 수단이 아닌) 그 자체로서 하나의 독립적인 연구 대상으로 끌어올릴 것을 요청하는 스포츠 인류학계 내에서도 최근 들어 스포츠적 삶의 문화적 표현을 뒷받침하는 과정, 실천, 사회구조적 관계 등을 세밀하게 포착하기 위한 연구 방법으로서 "스포츠를 직접 경험하는 인류학자"의 역할이 강조되곤 한다 (Palmer, 2003: 253-255).

수 있다.[5]

  이러한 맥락을 고려할 때 연구자가 현장에 객관적 관찰자로서 참여하는 차원을 넘어서 현장에 개입해 현지인들과 관계를 맺고 나아가 현장의 구성원이 되기 위해 적극적으로 몸의 변형을 가하는 이 연구에서 나의 몸은 연구를 위한 도구로 사용되는 동시에 그 자체로 하나의 연구 대상이 된다. 다시 말해 내가 거인체육관이라는 낯선 세계에 발을 들인 후 "이곳은 도대체 뭐지?", "사람들은 여기서 왜 권투를 하지?"라는 커다란 질문에 대한 대답을 구체화하는 여정의 중심에 다른 누구도 아닌 나의 몸이 놓이게 되는 것이다. 그렇기 때문에 이 연구는 권투 선수 되기의 과정에 대한 서사를 담은 일종의 자전적 민족지(Fisett, 2015)이기도 하고 그 과정에서 직접 체화한 구체적인 몸의 지식들을 학문적 언어로 번역하기 위해 분투하는 감각의 민족지[6](Samudra, 2008: 669-677)이기도 하다.

---

5 몸을 직접 움직이면서 몸의 지식을 습득하는 스포츠, 무술, 악기 연주, 종교체험 등의 영역을 연구의 대상으로 삼은 민족지 연구자들은 하나같이 이 '몸에 새겨지는 지식의 문제'에 대해 "연구를 시작하기 전에는 몰랐는데 막상 연구를 해보니 이것이 오히려 그 무엇보다 가장 중요한 문제"라며 각자 나름의 방식으로 그 구체적인 몸의 경험을 학문적 언어로 번역하고자 분투한다(Csordas, 1990; Downey, 2005; Lindsay, 1996; Samudra, 2008; Wacquant, 2004; Wilf, 2010). 이 분투의 장에 조심스럽지만 소심하지 않게 한 발 들이미는 것은 이 연구의 또 다른 목적이기도 하다.

권투 선수 되기의 과정에 완료는 없다. 그것은 언제나 현재진행형으로 이루어지는 총체적 현장 연구로서 과정적이다. 바꿔 말해 내가 선택한 연구 방법은 특정한 시기를 기준으로 참여 관찰, 심층 면담, 기타 자료 수집 등 방법론의 적용 경계를 명확히 나눌 수 없다. 참여 관찰은 체육관에서 다른 사람들과 함께 열심히 훈련을 하는 것이었고, 심층 면담은 함께 훈련을 하는 과정 틈틈이 쉬는 시간에 사람들과 속 깊은 대화를 나누는 것이었으며, 기타 자료 수집은 권투를 그저 잘하기 위한 방과 후 학습과도 같은 것이었다. 즉 모든 연구의 방법이 언제나 권투 선수 되기라는 하나의 방법론으로 통합되어 진행된 것이다. 그렇기 때문에 앞으로 하나씩 차근차근 펼쳐질 논의

6　인류학자 클리포드 기어츠의 인식론이자 방법론인 "중층 기술(thick description)"이 "문자로 쓰인 것이 아니라 일정한 형태를 갖춘 일회적인 행위들"로 이루어진 '텍스트로서의 문화'를 인류학자가 해석하고 나아가 독자들이 이해할 수 있도록 최대한 두텁게 기술하기 위해 분투하는 작업이라면(기어츠, 2009: 14-20), 인류학자 제이다 킴 사무드라가 제안하는 방법론인 "중층 참여(thick participation)"는 기어츠의 "중층 기술"이 해석해내고자 하는 대상을 보다 몸 안으로 집중시키려는 시도로서, 언어화되기 힘든 몸의 기억과 몸의 지식을 인류학자의 직접 경험을 매개로 학문적 언어로 번역하기 위해 분투하는 작업이다(Samudra, 2008). 내가 권투 선수로 변해가는 과정에서 직접 경험한 몸의 감각들을 언어화해 두텁게 기술하기 위해 분투하는 이 연구는 감각의 민족지로서 위의 "중층 기술"과 "중층 참여"의 작업을 모두 포괄한다.

에 대한 이해를 돕기 위해서는 참여 관찰의 시기나 면담자의 수를 정확히 제시하는 것[7]보다 내가 거인체육관에 처음 발을 들인 후 서서히 권투 선수가 되어가는 과정에서 특히 어떤 사건들을 계기로 이전에 비해 한층 더 깊게 거인체육관의 상황 안으로 개입되게 되었는지를 정리하는 것이 유용할 것이다. 이를 간략하게 도표화하면 다음과 같다.

[7] 그럼에도 불구하고 현장 연구의 상황을 수량화해서 제시해보면 나는 2011년 말부터 2015년 초까지 평균적으로 일주일에 4회 이상 체육관을 방문해 하루에 2시간 정도 권투 훈련을 했다. 이 기간 동안 관장님은 체육관이 열려 있는 거의 모든 시간에 항상 자리를 지키고 있었고 전업 선수 1명은 부상 기간을 제외하고는 거의 하루도 빠짐없이 저녁 6시 이후부터 체육관에서 훈련을 하고 있었다. 그러나 나를 비롯한 나머지 관원들의 출몰 시간은 유동적이었다. 그리고 체육관에는 언제나 새로운 관원이 등장하고 사라졌기 때문에 이 기간 동안 체육관에서 마주친 사람들의 수를 모두 헤아리는 것은 불가능하다. 상대방과 몸을 직접 맞부딪치며 주먹을 주고받는 스파링의 경험은 대략 30여 명의 사람과 함께했다. 그중에서 대략 10여 명의 동료와 친밀한 관계를 맺을 수 있었고 그 관계를 바탕으로 일종의 심층 면담을 간헐적으로 혹은 지속적으로 진행할 수 있었다. 심층 면담은 체육관 안에서 주로 동료 관원들과 줄넘기를 함께하거나 훈련 중 틈틈이 쉬는 동안에 혹은 탈의실에서 옷을 갈아입거나 훈련을 끝내고 샤워를 함께하는 동안에 진행되었다. 그리고 예외적으로 총 6명의 동료와 체육관 밖의 장소에서 다소 긴 대화를 나누었다.

사건	시기	내용 및 의미
첫 스파링	2012년 6월	권투 경력 8년의 현직 경찰과 갑작스런 첫 스파링. 링 위에 오른 것도 처음. 링 위에 올라 누군가에게 맞고 누군가를 때린 것도 처음. 그동안 몰랐던 신세계를 직접 체험.
권투화 증여-1	2012년 7월	관장님의 권투화 증여. 그동안의 성실한 훈련에 대한 보상. 관장님과 스승–제자의 관계를 맺음. 이후 농담을 주고받는 관계로 전환. "콧털"이라는 새로운 이름으로 불리게 됨.
김챔프[8]의 방어전	2012년 12월	김챔프를 비롯한 체육관 소속 선수들 경기 확정 및 준비. 경기에 참여하는 선수들을 위한 스파링 상대가 됨. 체육관이 준비하는 공식 행사에서 처음으로 역할이 부여됨. 선수들의 주먹은 차원이 다름을 직접 체험.
권투화 증여-2	2013년 10월	관장님의 권투화 증여. 이전에 선물 받았던 권투화 바닥이 완전히 닳아버림. 그동안의 성실한 훈련에 대한 또 한 번의 보상. 이후 보다 난이도가 높은 기술들을 전수받음.
연구 공식 허락	2014년 5월	인류학 연구에 대한 공식적 허락. 체육관 관원들에게 대학원생의 신분이 알려짐. 이후 권투에 관한 이야기뿐만 아니라 서로의 사생활에 대한 이야기까지도 주고받게 됨.
프로 라이선스 도전	2014년 9월	프로 권투 선수 자격시험 공식 준비. 약 두 달 동안 신실한 선수의 몸과 마음으로 생활. 체육관 소속으로 체육관 바깥에서 벌어지는 행사에 최초로 참여. 이후 "프로 라이선스를 딴 관원"으로 사람들에게 새롭게 인식됨.

8 현역 선수, 20대 후반, 체육관 경력 15년여.

돌이켜보면 거인체육관이라는 하나의 사회는 몸으로부터 발생하는 움직임을 통해 맺어지는 관계들로 가득 채워진 몸의 사회였다. 그렇기 때문에 실제로 나의 몸이 점점 권투 선수의 몸으로 변형되어가면 갈수록 나는 보다 진정한 혹은 진지한 그 사회의 구성원으로서 인정받을 수 있었다. 그리고 필연적으로 지각의 변화를 수반하는 몸의 변형의 결과 내가 체육관 안에서 벌어지는 각종 사건들에 대해 볼 수 있는 것도, 들을 수 있는 것도, 말할 수 있는 것도, 느낄 수 있는 것도, 생각할 수 있는 것도, 행동할 수 있는 것도 양적으로나 질적으로나 점점 깊어지고 두터워질 수밖에 없었다.

깊어지고 두터워지기 위해 나의 몸을 매개로 권투와 인류학이 마주치고 맞부딪치고 서로를 감싸 안으며 현장 안으로 들어갔다 나오기를 반복하는 과정, 이 민족지는 바로 그러한 과정에 대한 시시콜콜한 기록들을 엮어서 만들어낸 이야기이다. 물론 모든 이야기의 중심에는 거인권투체육관이라는 현장이 자리하고 있다. 이야기는 그곳으로부터 출발한다.

2. 구락부에서 체육관까지

서울시 영등포구 문래동에 위치한 거인체육관은 가업으

〈안에서 본 밖 "관육체투권인거"〉 ⓒ2014 홍성훈

로 2대째 운영되고 있는 서울에서 가장 오래된 권투 체육관 중 하나로서, 지난 수십 년간 수많은 권투 선수, 권투 선수 지망생, 권투 동호인의 땀의 자취가 유/무형의 흔재로 축적되어 있는 한국 권투계의 살아 있는 역사적 장소이다. 더 말할 것 없이 관장님의 증언에 귀를 기울여보자.

콧털   거인체육관이 역사가 있잖아요.
관장님 1959년에 일본말로 거인권투구락부로 시작해. 옛날에 술집도 구락부라고 했지…. 전두환이가 놀던 데도 단성사구락부. 구락부로 시작을 했어. 우리나라에서 개

	인 시설로는 제일 오래된 체육관이지. 나라 시설로는 중구 신당동에 있는 중앙체육관이 제일 오래됐고. 중앙체육관이 우리보다 5년 정도 위야.
콧털	와아, 오래됐네요. 그러면 1959년에는 어디서?
관장님	청량리.
콧털	청량리요?
관장님	우리 아버님이 선수 생활을 하시면서 1959년에 체육관을 개관했고 60년서부터 우리나라에서 4회전 선수들의 산실인 한국 신인왕전을 주최하셨다고. 그때부터 프로모터의 길로 들어서셨지. 그런데 프로모터로서는 재미를 못 보셨어. 나중에는 체육관 건물도 다 날렸지. 프로모터 하다가 진 빚 때문에…. 내가 한 다섯 살 여섯 살 때 정도인 걸로 알고 있어.
콧털	그때는 다른 트레이너 분들도 계시고요?
관장님	그렇지. 다른 트레이너 서너 명 있었는데, 그 당시에는 체육관들이 많지 않았어. 우리나라에 한 이삼십 군데. 구에 하나씩. 그렇기 때문에 우수한 인재들이 그 이십 군데 체육관에 가서 돈 벌려고 열심히 뛰었지. 먹고살아야 될 거 아냐. 그래서 우리 체육관에도 강준호 씨라고 올림픽 동메달리스트가 트레이너로….
콧털	관장님 아버님께서 프로모터 하실 때가 홍수환보다

앞이에요?

관장님 앞이지 훨씬. 우리 아버지가 그만두고 나서 홍수환이 나왔으니까. 홍수환은 한 70년대 정도 선수가 되는 거지.

콧털 그때도 거인체육관은 계속 청량리에 있었어요?

관장님 청량리에 있다가 망해서 상계동으로 갔다가 상계동에서 이 자리(영등포)로 온 거지.

콧털 상계동에도 있었어요? 저 거기서 태어났는데.

관장님 그래? 그런데 거기는 변두리라 뭐 이래저래 한계가 있었을 거야. 아무튼 여기(영등포) 와서 한 1년 있다가 내가 군대를 제대했어. 그러고 나서 맡았는데 여기는… 우리나라에 제일 잘나가는 삼각 지대가 청량리역, 서울역, 영등포역이었어. 이 세 개의 역은 전국 어디에서도 성공한다고 나올 때거든. 그래서 이 체육관에 사람이 굉장히 많았어. 하루에 삼백 명이 훈련할 정도로…. 구두닦이, 신문팔이, 껌팔이, 뭐 별 지금의 3D 바닥에 있는 애들은 다 권투 한다고 찾아왔어. 그래서 좋은 선수들이 많이 나왔고…. 좋은 선수들은 평균적으로 많이 나왔지만 진짜 씨알머리 있는 굵은 선수들은 잘 나오지가 않았지. 국내 정상급 선수들만 많았어.

콧털 그런데 그때는 세계 챔피언급 선수들 자체가 많지 않

	잖아요?
관장님	많지도 않았고 세계 타이틀에 도전할 수 있는 선수들도 극동, 동아, 세기 프로모션으로 들어가지 않으면 세계 타이틀매치를 한다는 건 하늘의 별 따기야.
콧털	관장님은 그러면 어떻게?
관장님	여기에 한 5-6년 있다가 극동으로…. 이 체육관이 극동 계열이 되는 거야. 시합의 모든 비즈니스를 극동에서 관할하는 거지. 여기서 나온 선수는 무조건 극동에서 키우는 거지. 그게 계열이야. 거기 있으면서 동양 챔피언 셋 배출했고. 세계 타이틀매치도 도전해봤고, 졌지마는…. 그런대로 괜찮은 성적을 거뒀지.
콧털	그러면 어떻게 극동 계열로 도약을 하신 거예요?
관장님	선수가 하나. 조용배라고 잘하는 선수가 하나 있어서 거기서 전속 선수로 삼았어. 그다음부터는 뭐….
콧털	그때가 제일 혈기왕성하실 때예요?
관장님	그렇지, 체육관도 제일 잘될 때. 보통 하루에 한 삼백 명 나올 때. 그러면 명단에는 육백 명 정도 올라 있을 때야.
콧털	그렇게 사람이 많았어요?
관장님	아유, 많았지. 그때는 사람이 많으니까 체육관에서 세 줄 네 줄로 서서도 하고 자리가 없어서 옥상에 올라가

　　　　　서 하는 애들도 있었어. 내가 삼십 대 초반 중반일 때
　　　　　고 선수들은 보통 스무 살 스물한 살.
콧털　　　와, 엄청났네요.
관장님　　다 그런 거지 뭐.

　　거인체육관의 오랜 역사의 시간성을 드러내는 방법에는
여러 가지가 있을 수 있다. 가장 쉽게는 체육관의 역사를 연도
별로 추적할 수 있고, 위에서 구술한 것처럼 체육관 역사의 산
증인인 관장님의 기억을 사건 중심으로 재구성할 수도 있다.
일상의 경험적 직관에 잘 들어맞는 이러한 시간성은 역사를
한 줄로 매끈하게 꿰어내기에 더할 나위 없이 유용하다. 그러
나 나는 '거인체육관의 누적된 역사'로 이름 붙일 수 있는 독
특한 그 무언가를 조금 다른 방식으로 음미하기 위해 체육관
의 물질성에 주목하고자 한다. 왜냐하면 체육관은 체육관에
서 권투를 하는 사람들의 사고와 행동에 지속적으로 무의식
적인 영향을 미치는 물질문화(Miller, 2005: 5)이기 때문이다.
즉 체육관의 물질성에는 습관이 몸에 배듯 체육관의 역사가
배어 있는 것이다. 새로운 시간성에서 중요한 것은 사건의 순
서가 아니라 오히려 체육관의 역사적 물질성과 그곳에서 권
투 하는 사람들 사이에 지속적으로 벌어지고 누적되는 상호
작용이다.

1) 마루와 링

거인체육관의 역사를 물질성으로 드러내고자 할 때 주목할 수 있는 대표적인 사물들은 무엇일까? 그것은 너무나 익숙해서 그 존재 자체에 관심을 기울이기 힘든, 그렇기 때문에 역설적으로 체육관을 구성하는 가장 중요한 기본 시설물인 마루와 링이다. 그 옛날 청량리의 거인권투구락부 시절부터 사용했던 마루와 청량리에서 상계동으로 옮겨 가면서 새로 크게 제작한 링, 이 사물들은 단순히 오래된 물건으로서 체육관을 대표하는 골동품일 뿐만 아니라 권투 체육관의 정체성을 드러내는 가장 기본적인 인공 시설물[9]이다. 그리고 이 물질로써 드러나는 정체성에는 이미 관장님의 권투 철학, 즉 관장님이 지향하는 거인체육관의 권투에 대한 철학이 전제되어 있다.

[9] 인공 시설물/인공물(artefact)은 인간에 의해 의도적으로 생산된 물질적 대상으로서 그 자체의 물리적 속성에 의해 인간의 의도가 감춰진다. 그러나 그것에 이미 제작자와 사용자의 의도가 새겨져 있다는 맥락에서 인공물은 그것을 사용하는 인간에게 해석의 다양성을 가져다주는 일종의 단어라고 할 수 있다(Miller, 1987: 106). 그렇기 때문에 설령 인간에게 이 물자체의 참된 실재를 사유할 수 있는 능력이 있다 하더라도, 적어도 권투 체육관의 인공 시설물들은 몸으로 부대끼면서 사용하고 지각할 때 비로소 존재하는 것으로서, 그것의 실재는 경험적으로 파악할 수밖에 없다.

콧털　그런데 여기 체육관에 있는 것 중에 제일 오래된 게 뭐예요?

관장님　마루. 저 마루는 청량리 때부터 쓰던 거야.

콧털　아, 정말요? 그게 가능해요?

관장님　그럼. 관리만 잘하면 돼.

콧털　대단한데요? 그러면 예전부터 쭉 이어져오는, 그러니까 거인체육관을 대표할 수 있는 게 저 마루네요.

관장님　마루하고 링.

콧털　링도요? 링은 왜요? 저것도 청량리 때부터 쓰던 거예요?

관장님　아니, 저 링은 상계동으로 이사 갈 때 새로 제작한 건데 요즘에는 저렇게 두꺼운 쇳덩어리 기둥으로 만들지를 않고 만들어주는 데도 잘 없고…. 아마 우리나라 복싱장에 있는 링 중에서는 제일 무겁고 오래된 설 거야.

콧털　그러면 여기 영등포로 이사 오실 때 저것들을 다 뜯어서 가져오신 거예요?

관장님　뜯어서 가져오지 그러면 어떻게 가져오냐? 그게 다 전통이야.

콧털　그렇죠. 이런 건 안 바꾸는 게 좋죠.

관장님　지금 나오는 것들이 저것보다 좋지가 않아. 정통 복싱장은 그 나름대로 맛이 있는 거고 새롭게 시작하는 다 이어트 복싱은 또 다른 거고…. 요샌 뭐 세상이 좋으니까 가볍고 싸고 좋은 것들이 많이 나오잖아. 그렇지만 이 권투 체육관에 필수적인 마루가 없다는 것은 이것은 권투 체육관이 아닌 거야. 요새 경비가 많이 드니까 일하는 시간을 단축하려고 이렇게 끼는 매트를 많이 쓰는데 그거는 보기에는 쿠션도 좋고 좋아. 그렇지만 절대 그렇지 않아.

콧털 싹 바꾸는 게 더 쉽지 오래 관리하는 게 더 어렵잖아요.

관장님 그런 게 전통이지 뭐야. 다른 게 전통이 아니잖아. 오래만 됐다고 전통이 아니고 오래된 가운데서 다른 데 없는 거 뭐 이런 걸 갖춰야 전통이 있는 거지.

　세상 좋은 요즘에 나온 가볍고 싸고 좋은 매트에 대비되는 참나무로 만든 무겁고 비싸고 더 좋은 오래된 마루는 거인권투체육관에서 가장 오래되고 중요한 기본 시설물이다. 그런데 왜 마루는 권투 체육관의 필수 시설이 되어야만 하는가? 왜냐하면 손으로 치고받으며 싸우는 스포츠인 권투를 잘하기 위해서 가장 기본이 되는 중요한 동작은 오히려 발놀림(footwork)이기 때문이다.

　체육관에 입관한 초심자들은 양발을 어깨너비 정도로 벌리고 정면을 향해 45도 각도로 서서 발뒤꿈치를 들고 무릎을 살짝 구부린 채로 계속 제자리에서 뛰어야 한다. 물론 이 동작의 의무는 숙련자들에게도 심지어 세계 챔피언에게도 예외 없이 적용된다. 설령 어떤 문외한의 시선에 숙련된 권투 선수의 발놀림이 제자리 뛰기를 생략한 듯 느긋하게 혹은 현란하게 보인다 할지라도 그 발놀림에는 이미 수년간 마르고 닳도록 연마한 제자리 뛰기가 새겨져 있다. 가령 아무도 없는 사각의 링 위에서 홀로 섀도복싱을 하는 권투 선수를 느린 흑백화면으로 음미하는 권투 영화 〈분노의 주먹(Raging Bull)〉(마틴 스코세이지의 1980년작)의 유명한 오프닝 시퀀스를 예로 들면, 결전을 앞두고 천천히 몸을 푸는 권투 선수는 온몸으로 인간의 본질을 표상하는 고독한 주체이기에 앞서 오랜 연습에 의해 제자리 뛰기의 리듬이 몸에 밴, 기본기가 충실한 권투 선수이나. 수영의 기본이 물에 뜨는 것이고 맨손체조의 기본이 숨쉬기라면 권투의 기본은 제자리 뛰기[10]이다. 그리고 이 권부의 기본기를 연마하기 위해, 즉 제자리에서 계속 뛰기 위해서는 계속 뛸 수 있는 바닥이 있어야만 한다. 발목과 무릎에 무

10 권투 선수의 훈련 과정을 시각화하는 영상물의 빈번한 소재 중 하나는 줄넘기이다. 물론 이때의 줄넘기는 권투 선수의 훈련 과정을 표상한다고 할 수 있다. 권투 선수들이 줄넘기를 하는 주된 이유는 본격적인 운동에 앞서 몸을 풀고 데우려는 데 있지만, 그에 못지않게 권투의 기본동작인 제자리 뛰기의 리듬을 익히고 유지하고 점검하는 데에도 있다.

리가 가지 않을 만큼의 적절한 탄성이 있고 민첩한 발놀림을 지탱해줄 수 있을 만큼의 적절한 마찰력이 있는 바닥은 잘 관리된 마루로 현상해 기본에 대한 강조를 표상한다. 제자리 뛰기와 마루는 공히 권투의 기본으로서 서로 접촉하고 접합되며 서로가 서로를 길들인다.

마루가 기본기를 비롯한 권투의 모든 기술을 의식적으로 몸에 새겨 넣는 물질적 토대라면 링은 실전에서 싸우기 위해 실전에 가까운 연습을 하는, 즉 혼자만의 단련이 아닌 둘 사이의 상호작용 속에서 무의식적인 몸동작의 현실화를 체험하는 또 다른 물질적 토대이다. 진지하게 권투를 훈련하는 사람들에게 마루와 링은 모두 너무나 중요하고 당연한 존재들이기 때문에 (그것은 우리의 지각을 구성하지만) 오히려 지각하기 어려운 "겸손한 사물들"(Miller, 1987: 85-108)과 다를 바 없는 것들이다. 하지만 링과 마루는 재료와 형태가 다를 뿐만 아니라 그것에 새겨지는 역사의 사회적 구조가 서로 다르다. 링에는 상대방이 있으나 마루에는 없고, 링에는 나와 그 상대방이 서로 얽히고 교차하면서 현실화되는 무의식이 있으나 마루에는 없다.[11]

---

11 링 위에서 스파링의 강도가 세지면 세질수록 의식적 행동은 감소하고 무의식적 행동이 증가하게 된다. 생각할 겨를이 없을 만큼 고밀도로 압

마루의 물질적 역사가 체육관에 발을 들였다 뺀 수많은 개인의 발놀림이 누적된 총체라면, 링의 물질적 역사는 링에서 치고받으며 무의식의 현실화를 몸으로 체험한 개인과 개인의 상호 신체적 발놀림이 누적된 총체이다. 다시 말해 청량리에서 상계동으로 옮겨 가면서 크게 새로 제작한 링에는 상계동 그 시절부터 영등포의 현재까지에 이르는 수많은 권투 훈련자의 '관계의 역사'가 누적되어 있다. 그렇기 때문에 이 오래된 링의 역사를 제대로 음미하기 위해서는 링을 거쳐 간 챔피언의 수를 주판알 굴리듯 헤아리는 방법보다 그것의 물질성을 링 위에서 직접 상대방과 몸을 섞어가면서 체험하는 방법을 선택하는 것이 보다 적절하다. "겸손한 사물들"의 겸손하지 않은 역사를 물질적으로 직접 지각할 수 있는 몇 안 되는 방법은 결코 겸손하지 않다.

콧털　　그러면 이 마루랑 링에서 훈련하신 분들 하나하나 세어보는 것도 보통 일이 아니겠네요. 엄청 많겠어요.
관장님　그럼, 많지. 셀 수 없이 많지.

　　축된 시공간은 권투에 주어진 중요한 특성 중 하나로서 권투 선수가 강도 높은 스파링이나 실전에서 잠재성의 현실화를 직접 체험할 수 있는 이유이기도 하다.

콧털　　다 기억나세요?

관장님　뭐 기억나는 놈들도 있고 안 나는 놈들도 있고…, 하여간 많아.

콧털　　어떻게 보면 그동안 관장님이 해오신 권투에 관한 모든 게 다 저기에 묻어 있다고 할 수도 있겠네요?

관장님　뭐 그렇다고 할 수 있지. 나뿐만 아니라 이놈 거 저놈 거 할 거 없이 다 섞여서 묻어 있다고 하는 게 더 맞겠지. 그게 역사지, 뭐 다른 게 역사겠어? 네 거도 묻어 있잖아?

　　거인체육관은 전통 체육관이자 정통 체육관이다. 전통이 예전부터 사용하던 체육관의 시설물을 가능한 한 잘 관리하고 보존하고 지속적으로 사용함으로써 다른 데 없는 무언가를 갖추려는 노력의 산물이라면, 정통은 실전 권투 선수를 육성하기 위한 의지의 표명이자 기본기를 잘 연습할 수 있는 환경을 갖추려는 노력의 축적이다. 전통과 정통의 조합은 관장님의 권투 철학을 압축적으로 표현하는 기표일 뿐만 아니라 1959년 설립된 청량리의 거인권투구락부에서부터 상계동을 거쳐 영등포의 현재에 이르기까지 이어져 내려오는 거인체육관만의 고유하고 독특한 역사성 그 자체로서 2015년 현재의 마루와 링에 새겨져 실재한다. 그리고 여전히 이 마루와 링 위

〈겸손한 사물들. 마루, 링, 빽〉 ⓒ2014 홍성훈

에서 사람들이 발을 놀리며 상호작용하고 있다. 언제나 그리고 여전히 서로 얽히면서 교차하는 체육관의 물질과 역사는 그렇게 기록하고 기록되는 현재진행형의 과정이다. 과거의 역사와 미래의 역사를 서로의 몸에 새기고 마루와 링의 표면에 직접 기록하는 누적적 과정이 곧 거인체육관의 전통이자 정통인 것이다.

2) 빽[12]

손으로 치고받으며 싸우는 스포츠인 권투를 잘하기 위해서 가장 기본이 되는 중요한 동작은 오히려 발놀림이지만 어쨌든 권투(拳鬪)는 그 한자어 '주먹 권(拳)', '싸울 투(鬪)'가 지시하는 의미 그대로 '주먹싸움'이다. 당연한 말이지만 그렇기 때문에 권투 선수는 권투를 잘하기 위해 주먹을 내고 당기는 동작, 즉 주먹질(punch)을 마르고 닳도록 연마해야만 한다. 그렇다면 권투의 기본 중의 기본인 발과 또 다른 기본인 손의 관계는 어떠해야 하는가? 이론적으로는 간단하다. 발놀림의 리듬과 손놀림의 리듬이 아름답게 조화를 이룰 것. 양자역학의 세계에서 "중첩의 원리"(Albert, 1992: 1-16)가 보편적인 기본 원리라면 권투 역학의 세계에서는 '발의 리듬과 손의 리듬의 조화'가 보편적인 기본 원리이다. 그렇기 때문에 발과 손이 따로 노는 정체불명의 퍼포먼스는 설령 그것이 주먹싸움이라 할지라도 결코 권투가 아니다.

이 기본 원리를 몸으로 이해하고 습득하기 위한 연습은

---

12 "빽"은 천장에 매달린, 표면이 가죽으로 마감된 사람 한 명 정도 크기의 무거운 덩어리로 권투 훈련을 위한 필수품이다. 흔히 "샌드백(sand bag)", "헤비백(heavy bag)" 등으로 불리는 이 덩어리를 거인체육관의 일상 언어에서는 그냥 "빽"이라고 부른다.

기본적으로 마루에서 제자리 뛰기의 박자에 맞춰 (오른손잡이를 기준으로) 왼손을 내는 것에서 출발한다. 이어서 요구되는 필수적인 연습은 주먹으로 정확히 빽을 타격하는 것이다. 일명 "빽 치기". 권투의 최종 목적은 결국 나의 주먹으로 상대방의 상반신을 가격하는 것이고, 허공을 향해 주먹을 낼 때와 묵직한 덩어리를 때릴 때의 느낌은 사뭇 다를 수밖에 없다.[13] 그렇기 때문에 빽이라는 또 하나의 인공 시설물은 마루와 링 못지않게 중요한 체육관의 물질적 토대가 된다. 그렇다면 앞서 설명한 마루와 링의 경우와 달리 이 빽의 물질성을 통해 드러낼 수 있는 거인체육관의 또 다른 역사는 무엇인가?

거인체육관의 천장에는 네 개의 빽이 매달려 있다. 십여 년 전 체육관의 물리적 공간을 확장할 당시에 새로 설치한 이

---

[13] 권투 영화 〈록키(Rocky)〉(존 G. 아빌드센의 1976년작)에서 느닷없이 주어진 세계 챔피언전이라는 일생일대의 기회를 잡기 위해 몸부림치는 무명 권투 선수의 절실함은 냉동 창고에 주렁주렁 매달려 있는 묵직한 고깃덩어리를 샌드백 삼아 훈련하는 장면에서 극대화된다. 그리고 어느 철학자에게 고깃덩어리는 인간인지 짐승인지 분간할 수 없는 영역에 놓인 살과 뼈 사이의 잔혹한 긴장으로 사유된다(Deleuze, 2003: 20-26). 그러나 사람이 사람을 때리고 사람이 사람에게 맞아야만 하는 권투의 실제 상황은 영화 속 절실함이나 철학 속 잔혹함 이상으로 더욱 절실하고 잔혹하다. 체육관에 걸려 있는 묵직한 빽은 신실한 권투 선수로 하여금 인간에서 짐승으로의 변신을 적극적으로 상상하게 만드는 절실하고 잔혹한 현실의 덩어리라고 할 수 있다.

질 좋은 빽들은 소위 "빽 옆구리 터진 사건"에 의해 교체된 하나를 제외하고는 지금까지 별 탈 없이 잘 사용되고 있다. 다시 말해 이 빽이란 사물은 어지간히 기괴하게 다루지 않는 이상 잘 망가지지 않는 인공 시설물일 뿐만 아니라 관장님의 권투 철학을 존중하고 몸에 새긴 훈련자들에게는 오히려 잘 관리되어야 할 네 것이 아닌 내 것과도 같은 장비이다. 그럼에도 불구하고 내가 처음 체육관에 발을 들였을 때에도 이미 그 하나의 빽은 원인 모를 한 번의 터짐이 청 테이프에 칭칭 감겨 눈에 띄게 보존되고 있었는데, 시간이 흘러 내가 체육관에 조금이나마 익숙해졌다고 느껴질 무렵 "이 빽은 왜 이래요?"라며 슬그머니 던진 호기심 어린 질문에 나보다 체육관 경력이 오래된 다른 관원은 "예전에 어떤 미친놈이 발로 찼다던데요?"라며 시큰둥하게 대답했었다. 손으로 치라고 만든 빽을 발로 찬다? 도대체 이 사태가 의미하는 것은 무엇인가?

 권투 체육관의 독특한 특징 중 하나는 프로 권투 선수와 일반 관원이 스스럼없이 뒤섞여서 연습한다는 점이다. 그렇기 때문에 어떤 사람에게는 권투 체육관이 삶의 터전으로서 사물 하나하나에 개인의 소중한 사생활의 역사가 새겨진 첫 번째 장소인 것과 달리, 어떤 사람에게는 가정과 일터에서 잠시 벗어나 소일하기 위한(황익주, 2007: 5-6에서 재인용) 정도일 수 있다. 거인체육관을 제1장소로 여기는 사람과 제3장소로 여기는 사람 중 누가 더 그곳에 애착을 갖는가 혹은 그곳에서 편안함을 느끼는가의 문제는 차치하더라도, 제3장소에서는 종종 제1장소에서는 실재화되기 힘든 "공유의 비극"(Hardin, 1968)이라는 가능성이 실재화된다. 그리고 언제나 돌발 관원은 들어오고 나가고 또 새로 들어온다. 그래서 결과적으로 혹은 현상적으로, 기본을 강조하는 관장님이 지향하는 거인체육관의 전통과 정통의 역사는 기본과는 거리가 먼 돌발 관원의 돌발 행동에 의해 교란되고 이 교란의 역사는 고스란히 빽의 역사적 물질성으로 기록[14]된다. 어쩌면 거인체육관의 역사에는 기본을 강조하는 '전통과 정통의 역사'라는 이름보다 '교란의 역사'라는 이름이 더 적절할지도 모른다.

콧털   관장님 저기 저렇게 막 치는 사람들은 뭐 어떻게 해요?
관장님   어떻게 하긴 뭘 어떻게 해?
콧털   그래도 좀 뭐라고 해야 되는 거 아니에요?

[14] 청 테이프로 둘둘 말린 채, 그럼에도 불구하고 적어도 내가 직접 경험한 2년 이상의 오랜 세월 동안 고쳐지고 덧붙여지면서 수많은 권투 훈련자의 주먹질을 감당하던 빽은 2014년 6월의 어느 날 결국 새롭게 등장한 돌발 관원의 돌발 행동에 의해 처참하게 파괴되었다. 그리고 그 빈자리에는 역설적이게도 그 빽보다 더 오랜 역사를 간직한 옛날 빽이 새롭게 걸렸다. 관장님은 옛날 빽을 새로 걸면서 "옛날 빽이 가죽이 더 좋아"라고 말씀하셨다.

관장님 쟤도 뭐 밖에서 쌓인 게 많나 보지. 그래도 어쨌든 관원 아니야.

콧털 무슨 화가 그리 많이 났길래 저러지?

관장님 요즘 사는 게 힘들잖아. 어디 풀 데가 없나 보지. 그래도 술 먹고 뭐 어쩌고 이러는 거보다는 낫잖아.

콧털 그렇긴 하죠.

관장님 그냥 막 치게 내버려두는 거야. 이렇게 해라 저렇게 해라 가르쳐준다고 말 들을 애들도 아니고, 말 들을 애들 같으면 저런 행동 자체를 하지도 않아.

 빽은 교란의 상징이자 교란이 기록된 사물이다. 그리고 이 빽은 관장님이 지향하는 권투 철학을 몸에 습득한 관원들의 권투 행위와 그것에 반하는 돌발 관원의 반권투 행위의 이항 대립 사이를 가로지른다. 그것은 마치 북아프리카 카빌(Kabyle) 사회에서 외부 세계(우주)와 대립하는 내부 세계(소우주)로서의 집이 다시 동과 서 혹은 밝음과 어두움의 이항 대립의 공간으로 분리되고, 이러한 이항 대립의 연속적 분열이 일종의 마법적 경계로 기능하는 문지방에서 뒤집히고 만나고 교차하는 상황(Bourdieu, 1990b: 276-283)과도 같다. 다시 말해 외부 세계에 대립하는 내부 세계로서의 권투 체육관이라는 시공간은 다시 권투 행위자의 시공간과 반권투 행위자의 시공간으로 분리되어 대립하고, 이러한 이항 대립의 연속적 분열이 빽이라는 경계적 사물에서 뒤집히고 만나며 결국 교란되는 것이다.

    중요한 것은 이 모든 교란이 빽이라는 사물에 누적적으로 기록되는 현재진행형의 과정이라는 점이다. 그렇기 때문에 거인체육관의 사물들에 기록된 역사에 대해 한편으로는 '전통과 정통의 역사'라고, 다른 한편으로는 '교란의 역사'라고 명명할 수 있는 것이다.

III. 세계 챔피언이라는 꿈

　거인구락부 시절부터 현재에 이르기까지 가업으로 2대째 운영되고 있는 전통의 거인체육관은 지속적으로 전문 권투 선수를 길러내온 정통의 권투 체육관이다. 그런데 전통과 정통이라는 별칭을 달기 이전에, 거인체육관은 프로 권투 선수 양성을 일차 목표로 하는 프로 권투 체육관이다. 프로? 전통도 정통도 아닌 프로 권투란 또 무엇인가?

　물론 이 물음의 목적이 프로 권투의 사전적 정의를 찾는 것은 아니다. 왜냐하면 사전적 정의는 사전에 잘 정리되어 있기 때문이다. 그리고 앞으로 펼쳐질 지적 여행을 위해 내가 선택하는 방법은 이미 확고하게 잘 정리된 백과사전으로 바로 뛰어드는 것이 아니다. 인류학의 몇몇 담론이 만들어놓은 에움길을 돌고 돌아 천천히 걷다보면 프로 권투라는 무언가에 대해 조금 더 깊게 이해할 수 있을 것이다. 그렇다면 먼 길을 떠나기 전에 준비운동부터 해야 하지 않을까? 우선 프로 권투를 정의하는 데 사용되는 몇 가지 단어를 부각시키는 것으로 인류학적 준비운동을 시도해보자. 싸움, 돈, 권투 선수(의 몸), 관중. 숨을 한 번 고르고 네 개의 단어를 붙여서 하나의 문장으로 만들어보자. 그러면 인류학적 논의를 위한 프로 권투의 최소 정의가 탄생한다. 즉 프로 권투는 관중들이 보는 앞에서 두 명의 권투 선수가 돈을 걸고 실제로 벌이는 몸싸움이다. 준비운동 끝?

여기서 끝이 아니다. 프로 권투는 글러브를 착용한 주먹을 사용해 상대방의 상반신을 가격해야 한다는 규칙을 비롯한 수많은 정교한 규칙(Marquess of Queensberry rules)으로 구성된 20-21세기의 현대 스포츠로서 18-19세기에 성행했던 그것의 원형인 "맨손 싸움(bare-knuckle fighting)"과 구별된다(Gorn, 1986). 또한 돈을 목적으로 두 권투 선수 사이의 계약에 의해서 개최되는 단발성 "포상 싸움(prizefighting)"으로서 올림픽과 같이 정기적으로 개최되는 공식 대회에 참가해 순위를 겨루는 아마추어 권투와 구별된다(Boddy, 2008). 다시 정리하면 프로 권투는 관중들이 보는 앞에서 두 명의 권투 선수가 글러브를 착용한 주먹을 사용해 상대방의 상반신(몸)을 실제로 가격함으로써 승패를 겨루어 돈을 따내는 것을 목적으로 하는 단발성의 현대 스포츠이다. 준비운동 끝.

이제 질문을 환기하자. 프로 권투란 무엇인가? 다시 말해 거인체육관을 프로 권투 체육관이라고 명명할 때의 그 프로 권투는 무엇을 의미하는가? 바꿔 말해 거인체육관을 프로 권투 체육관으로 만드는 것은 무엇이고 그곳에서 사람들은 왜 프로 권투를 하는가? 준비운동을 마쳤으니, 질문에 대해 본격적으로 그리고 보다 중층적으로 대답하기 위해 관장님의 증언에 귀를 기울여보자.

콧털   프로 권투죠?
관장님   암, 프로 권투지.
콧털   그러니까 관객이 없으면 프로 권투가 아닌 거죠?
관장님   뭐, 인기가 없으면 관객이 없을 수도 있지. 그런데 관객이 있어야 그게 진짜 프로 권투지.
콧털   그러면 권투 선수 하겠다 하는 선수들은 시합을 잘하려는 것도 있지만 관객 앞에서 스타가 되고 싶은 마음도 있는 거겠네요?
관장님   그럼, 다 스타가 되고 싶고 세계 챔피언이 되고 싶어서 하는 거야. 그래야 먹고사는 거고 그래야 성공하는 거니까. … 우리 지도자들은 세계 챔피언을 하나 만들어내는 게 꿈이야.
콧털   세계 챔피언이 왜 그렇게 중요한 거예요?

관장님   뭐, 세계에서도 최고고 돈도 많이 받고 그만큼 유명한 스타니까.

콧털   세계 챔피언이라는 게 달성해야 될 목표인 거죠?

관장님   그렇지. 최종 목표고, 권투 좀 했다 하면 선수들은 꿈이 세계 챔피언이고 권투 체육관을 하는 사람들은 자기 제자 중에서 세계 챔피언 나오는 게 꿈인 거고, 그 꿈을 향해서 서로 뛰는 거야. 그러다 선수가 힘이 들고 어려워서 꿈이 자꾸 사그라지면 이룰 수 없는 거고 지도자가 그 꿈이 없다고 해도 이룰 수 없는 거고. 선수나 지도자나 서로 같이 지고 가는 동업자야.

콧털   만약 세계 챔피언이라는 꿈이 없으면 연습이….

관장님   아유, 연습을 할 수는 있지만 취미지. 그러니까 발전성은 없는 거야. 그냥 취미로 권투 흉내는 낼 수 있어도 진징한 권투 선수는 될 수가 없는 거야. 우리나라에는 취미로 하는 체육관이 지금 현재로선 한 70% 정도 돼. 그런 곳들은 세계 챔피언을 길러내야 되겠다는 목표가 없어. 그나마 나머지 30%는 정통 체육관이거든. 여기서는 애들이 별로 없다 하더라도 그 안에서 세계 챔피언이 나오기를 희망하는 거야. 그렇기 때문에 적자를 면치 못하고 또 힘들고 그런 과정에서도 어떻게든 하는 이유가 그거 때문에 그러는 거야.

콧털   그럼 만약에 세계 챔피언이라는 게 없어지면 진짜 권투가 의미가 없어지는 거네요.
관장님   그럼. 권투라는 종목이 아예 없어져야지.

    모름지기 프로 권투 체육관이라면 그곳에서 세계 챔피언을 길러내려는 목표가 있어야만 하고, 프로 권투 선수라면 응당 세계 챔피언이 되기 위해 사력을 다해 분투해야만 한다. 그렇다면 "세계 챔피언을 꿈꾸지 않는 권투는 프로 권투가 아니다"라는 명제를 참인 명제로 일반화하는 것은 정당한가? 그런데 여기서 중요한 것은 논리의 문제가 아니다. 그것이 참이든 거짓이든 혹은 그 이전에 그 문장이 명제이든 그렇지 않든지에 상관없이 그리고 프로 권투가 어떤 사전에 어떻게 정의되어 있는지에 상관없이 적어도 거인체육관에서 프로 권투는 잡을 수 없는 저 멀리에 뜬 구름 같지만 그렇다고 잡을 수 없지만은 않은 말 그대로 '꿈같은' 세계 챔피언에 대한 지향을 의미한다.

    그렇다면 "세계 챔피언을 꿈꾸지 않는 권투는 프로 권투가 아니다"라는 문장을 "그 사회에 있어서 핵심적 의미를 지니는 철학적 드라마"(기어츠, 2009: 488)의 모티프로서 이해하는 것은 어떠한가? 즉 사회적 기계론(mechanics)의 문제보다는 사회적 의미론(semantics)의 문제(기어츠, 2009: 527)로 프로 권투라는 것에 대해서 무엇인가 말해보는 것이다. 그럴 경우 그 무엇인가를 누군가에게 말해보기 위해, 즉 설명을 자처하기 위해 환원적 공식으로 정리하는 것이 아닌 그 실체에 보다 더 주목하는 분석의 가능성을 열어 보이기(기어츠, 2009: 532) 위해 클리포드 기어츠의 문화 이론을 참조물로 삼을 수 있게 된다.

1. 프로 권투: 돈을 걸고 싸우다

인류학자 기어츠는 발리의 한 마을을 현장 연구하던 중 스스로 "급습(The Raid)"이라고 명명한 특정 사건(기어츠, 2009: 482-488)을 계기로, 감정적 발산과 지위를 둘러싸고 진행되는 싸움들 그리고 그 사회에 있어서 핵심적 의미를 지니는 철학적 드라마에 대해 고찰할 수 있는 대상으로 닭싸움에 주목하게 된다(기어츠, 2009: 488).

닭싸움은 발리인들이 전력을 다해서 열정적으로 매달리는 것으로 그들이 "정말로 어떤 사람들인지"를 밝혀주는 중요한 대중적인 행사이다. 왜냐하면 거기서 싸우는 자는 표면적으로만 수탉일 뿐 실제로는 인간이기 때문이다(기어츠, 2009: 488-489). 그뿐만 아니라 수탉은 발리인들이 미학적으로, 도덕적으로 그리고 형이상학적으로 인간의 지위와 정반대라고 간주하는 동물성에 대한 아주 직접적인 표현이기도 하다(기어츠, 2009: 491-492). 그렇기 때문에 발리의 닭싸움에서는 인간과 짐승, 선과 악, 에고와 이드, 고무된 남성성이 발휘하는 창조적인 힘과 제어되지 않은 동물성의 파괴적인 힘의 이항 대립이 혐오, 잔인성, 폭력 그리고 죽음의 유혈 드라마 속으로 교차하며 녹아든다(기어츠, 2009: 493). 다시 말해 닭싸움은 발리인들의 철학적 이항 대립이 공적으로 교차하는 상징적 드라마라고 할 수 있다. 무엇인가를 이루기 위해 혹은 무엇인가를 지향하기 위해 상징적으로 서로가 서로를 공격해야만 하는, 그렇기 때문에 누군가 혹은 모두가 상징적으로 피를 보아야만 하는 유혈 드라마가 바로 닭싸움인 것이다.

그렇다면 닭싸움과 비교할 때 실제로 서로가 서로를 공격해야만 하는 프로 권투는 어떠한가? 즉 거인체육관의 프로 권투에 대해 철학적 드라마의 층위에서 무엇을 말할 수 있는가? 기어츠가 발리의 일상생활로부터 닭싸움을 분리해내고 일상적인 일들의 층위로부터 그것을 끌어올려 그것에 보다 폭넓은 중요성을 부여한 메타 사회적인 해석(기어츠, 2009: 526)으로서 "발리인들은 닭싸움에서 자신의 기질과 동시에 그가 속한 사회의 기질을 형성하고 또 발견한다"(기어츠, 2009: 531)고 말했듯이, 같은 방법을 이용해 거인체육관에서 프로 권투를 하는 사람들에 대해서 무엇인가 말해볼 수 있지 않을까?

1) 투기(鬪技): 누군가를 떨어뜨리기 위한 싸움

프로 권투는 사방 약 7-8미터의 링에 두 명의 선수를 가둬놓고 서로 맞붙어 치고받고 싸우게 하는 격투기(格鬪技)이다. "땡"하고 공이 울리면 선수들은 뚜벅뚜벅 상대방을 향해 걸어가 좋든 싫든 맞붙어야 한다. 그리고 3분의 제한된 시간 동안 이기기 위해 가지고 있는 모든 수단을 동원해야 한다. 그런데 수단이라고는 맨몸 하나에 달린 주먹 두 개뿐이다. 참 간단하지 않은가? 두 주먹 불끈 쥐고 상대방에게 다가가 상대방의 얼굴이나 몸통을 힘껏 때리면 된다. 더불어 상대방이 날리는 주먹을 막거나 피할 수만 있다면 금상첨화. 세상에 이보다 쉽고 간단한 놀이는 없다. 그런데 "쟤는 노니?"라는 간단한 은유적 반문에 많은 것을 함축할 수 있듯이 사람이 사람을 때리는 것과 사람이 사람에게 맞는 것은 그렇게 쉽고 간단할 수 없는 복잡다단한 것이다.

상황에 몰입하는 순간 3분의 시간은 무한 확장된다. 현실의 층위가 아닌 곳으로 던져진 나는 주먹을 내고 내고 또 내고 힘들어도 또 계속 내야 한다. 왜냐하면 내가 먼저 주먹을 내지 않으면 상대방의 주먹이 나를 향해 가차 없이 날아오기 때문이다. 내가 살기 위해서는 내가 먼저 상대방을 때려눕혀야만 한다. 게다가 내 주먹에 내 나름의 절실함이 배어 있다면 상대방의 주먹에는 그 사람 나름의 절실함이 배어 있다. 왜냐하면 절실하지 않은 권투는 프로 권투가 아니기 때문이다. 그렇게 절실함을 던지고 피하고 내밀고 막아내고 엉겨 붙었다 떨어졌다를 반복하는 동안 땀은 흐르고 숨은 차오른다. 긴장이란 것이 마음의 작용인지 몸의 작용인지 생각할 겨를도 없이 긴박한 순간과 순간들이 교차하는 가운데 아직 누군가가 링 바닥에 쓰러지지 않았다면 무한 확장되었던 시간의 문은 현실의 층위로 돌아오라는 "땡" 소리와 함께 닫힌다. 그리고 이제 주어지는 것은 1분 동안의 휴식. 정신을 차리고 몸을 추스를 수 있는 짧은 시간이 순식간에 지나가면 다시 이곳이 아닌 저곳으로 가서 치고받고 싸우라는 잔인한 공 소리가 "땡!" 하고 울린다.

  프로 권투의 형식적 최소 단위는 1회전(round)이다. "땡" 소리와 함께 시작되는 하나의 회전은 3분 후 다시 울리는 "땡" 소리와 함께 끝이 난다. 그렇기 때문에 미래의 경기를 준비하는 현재의 장소인 체육관에서는 3분-1회전의 시간 감각을 몸에 배게 하기 위해 항상 3분 단위로 공이 울린다. 즉 공이 울리면 줄넘기든 섀도복싱이든 스파링이든 각자 목표한 훈련을 시작하고 3분 동안 최선을 다해 훈련한 후에 다시 공이 울리면 하던 일을 멈추고 잠시 쉰다. 거인체육관의 경우 쉬는 시간은 30초이다. 경우에 따라 1분씩 쉬는 체육관도 있다고 한다. 그리고 다시 공이 울리면 또다시 각자의 훈련을 시작한다. 훈련 3분, 휴식 30초, 훈련 3분, 휴식 30초…. 언제나 일관되게 유지되는 3분과 30초(혹은 1분)의 반복. 사각의 링에 올라 상대방과 실제로 주먹이라도 섞어볼 수 있는 '진짜' 프로 권투 선수가 되기 위해서는 미래의 챔피언을 꿈꾸기에 앞서 우선 3분 간격의 리듬이 몸에 새겨진 자동기계가 되어야만 한다.

그것 자체만으로도 녹록하지 않은 3분-1회전을 중간에 1분씩 쉬어가며 네 번 치르면 프로 권투경기의 최소 단위인 4회전 경기가 구성된다. (관장님의 해석에 따르면) 그것은 프로 권투경기 중에서 가장 중요한 것이다. 왜냐하면 프로 선수라면 누구가 4회진 경기를 통해 데뷔전을 치르게 되고 4회전 경기를 잘 치러내야만 흔치 않은 다음 경기의 기회가 찾아올 수 있기 때문이다. 또한 그것은 프로 권투경기 중에서 가장 재미있는 것이다. 왜냐하면 기술적으로 아직 다듬어지지 않은 투박한 신인들이 패기와 투지를 주 무기로 치열하게 부딪치는 그 각축장에서 미래의 챔피언이 될 가능성의 씨앗을 발견할 수 있기 때문이다. 프로 권투경기는 누군가를 붙이기 위해 열리는 것이 아니라 떨어뜨리기 위해 열리는 것이다. 이제 막 싹이 트려고 하는 새싹도 아닌 씨앗들 간의 싸움인 4회전 경기를 통해 권투 관계자들은 좋은 선수, 써먹을 선수, 스타가 될 선수들을 골라내고 골라내고 또 골라낸다.

4회전 경기를 다섯 번 정도 치르면서 가능성이 확인된 선수들은 6회전 경기를 치르게 된다. 6회전 경기를 치르고 나서도 여전히 가능성이 남아 있는 선수들은 8회전 경기를 치르게 된다. 6회전 경기와 8회전 경기를 뛰는 선수들은 신인의 티를 벗고 세계 챔피언으로 가는 과정 중에 있는, 씨앗에서 적어도 싹이 트여 그 싹수를 가늠할 수 있을 정도의 실력을 지닌, 그들의 용어로 소위 "중간바리" 혹은 "중고"들이다. 그리고 이때 싹이 트인다는 것은 적어도 스타일이 갖추어진다는 것을 의미한다. 권투 선수는 각자의 신체 조건, 성격, 기질 등에 따라 각기 다른 스타일로 진화하기 마련인데, 이는 크게 바깥으로 돌면서 거리를 유지하는 아웃복서와 안으로 파고들면서 거리를 좁히는 인파이터의 이항 대립으로 분류할 수 있다. 대부분의 경우, 선수를 육성하는 트레이너는 6회전과 8회전 경기를 치르면서 선수에게 적합한 스타일을 찾고 그것을 만들어나가기 위한 훈련을 특화한다. 즉 "중간바리" 혹은 "중고"라 불리는 프로 권투 선수들만이 프로 권투라는 세계에서 하나의 개체로 규정지어지는 과정에 들어서는 것이다. 4회전 선수에게는 아직 그런 스타일이랄 것이 없다. 아직 이것도 저것도 아무것도 아닌 그들에게 요구되는 미덕은 "그냥 닥치고 열심히 기본기에 충실할 것!"이다.

4회전 경기가 신인들의 각축장이라면 6회전 경기와 8회전 경기는 중고들의 각축장이다. 이 중고 바닥에서 두각을 나타내야만 챔피언을 향해 계속 나아갈 수 있다. 중고 바닥에서 떨어져 나간 선수들은 프로 권투 세계에서는 하나의 개체로 완성되지 못한 미완성의 무언가로 치부되어 프로 권투계의 공식적 역사에 기록될 수 없다. 다시 한번 강조하면 프로 권투경기는 누군가를 붙이기 위해 열리는 것이 아니라 떨어뜨리기 위해 열리는 것이다. 4회전에서 6회전으로 넘어가는 것과 6회전에서 8회전으로 넘어가는 것, 기존 경기에 비해 고작 6분만 더 뛰면 되는 것이 뭐가 그렇게 어려울까라는 순진한 생각은 프로 권투 세계에서 존재할 수 없고 존재하지도 않는다. 4회전 선수와 6회전 선수는 훈련하는 강도와 양 그리고 방식 자체가 다르다. 즉 삶의 방식 자체가 다른 것이다. 그들은 모두 동일하게 프로 권투 선수라고 불리기는 하지만 잽을 던지는 동작 하나만으로도 확실하게 구별 지을 수 있는 서로 다른 존재자들이다.[15] 4회전 선수와 8회전 선수의 차이는 말할

---

[15] 4회전-6회전-8회전-10회전-12회전의 위계화는 경기에 배치되는 심판 위원의 조건을 통해서도 확인할 수 있다. 재단법인 한국프로복싱연

것도 없다.

또 다른 2회전이 추가되어 8회전에서 10회전으로 도약하는 순간 드디어 하나의 개체가 탄생한다. 10회전 선수가 되었다는 것은 공식적으로 전적이 기록된다는 것으로, 랭킹(ranking)에 이름을 올린다는 것을 의미한다. 그렇기 때문에 10회전을 뛰었는가, 즉 랭킹에 진입했는가의 여부는 프로 권투 선수에게는 하나의 성공 기준이 된다. 프로 권투 세계에서 "주먹 쥐고 폼이라도 잡아보려면" 적어도 10회전 선수는 되어야 한다. 유명은 이름을 전제한다.

10회전 선수들 중에서도 소위 '난놈'들만 챔피언전을 뛰어볼 수 있다. 왜냐하면 프로 권투경기는 누군가를 붙이기 위해 열리는 것이 아니라 떨어뜨리기 위해 열리는 것이기 때문이다. 유명을 만들어내는 과정은 그런 것이다. 예를 들어 한국 프로 권투계에서 챔피언은 한국 챔피언-동양 챔피언-세계 챔피언의 순서로 위계화된다. 통상적으로 12회전으로 치러지는 동양 챔피언전의 기회는 한국 챔피언에 등극한 선수 중 누

맹의 경기 규칙 중 '제32장: 심판 위원, 제116조'에 따르면 심판 위원은 경력(타 기구의 경력도 인정) 및 능력에 따라 6년 차 이상, 3년 차 이상, 3년 차 미만으로 구분되고 아래와 같이 배정된다. 1) 6년 차 이상: 모든 경기의 주·부심으로 배정. 2) 3년 차 이상: 4회전-8회전 경기의 주·부심으로 배정. 3) 3년 차 미만: 4회전 경기의 주·부심으로 배정.

군가에게 주어지기 마련이다. 그러나 그렇다고 해서 한국 챔피언에 등극한 선수 모두에게 필연적으로 동양 챔피언전의 기회가 주어지는 것은 아니다. 그리고 동양 챔피언에 등극한 선수 중 소수에게만 세계 챔피언에 도전할 수 있는 기회가 주어진다. 그만큼 세계 챔피언이 될 수 있는 기회는 드물다. 드물게 주어진 기회를 놓치지 않고 계속 잡아나가는 것, 즉 한국 챔피언에서 출발해 동양 챔피언을 거쳐 세계 챔피언에 도달하는 것은 한국에서 동양을 거쳐 세계로 활동 무대가 확장되는 것을 의미할 뿐만 아니라 선수가 받는 대우와 대접이 점점 더 좋아지는 것을 의미한다. 바꿔 말하면 권투 세계에서 태어나고 살아가고 살아남기 위해서는 계속 싸워야 한다. 싸우고 싸우고 싸우고 또 싸워서 살아남은 자, 그가 바로 세계 챔피언이다. 3분-1회전이 프로 권투의 형식적 최소 단위이고 4회전 경기가 프로 권투의 시작이라면 세계 챔피언전은 프로 권투의 끝이다. 모든 프로 권투인의 똑같은 꿈 — 세계 챔피언이라는 정상. 정상에 섰기 때문에 더 이상 올라갈 곳이 없는 세계 챔피언은 이제부터 역설적으로 더 이상 내려갈 곳이 없기 때문에 그 정상에 서기 위해 기를 쓰고 올라오는 도전자들을 방어해내야 한다. 정상은 높기 때문에 정상이기도 하지만 좁기 때문에 정상이기도 하다.

정상에 올랐다가 밀려났든 아니면 정상에 오르기 직전

에 미끄러졌든 그 높고 좁은 싸움에서 진 선수에게 다시 정상에 올라설 수 있는 기회가 주어지기는 힘들다. 그렇기 때문에 세계 챔피언을 꿈꾸는 권투 선수에게는 항상 오늘의 경기가 마지막일 수 있다는 절실함이 강제된다. 그것은 단지 권투 선수를 다그치고 독려해 승리를 쟁취하기 위한 낭만적 수사가 아니라 붙이기 위해 열리는 것이 아닌 떨어뜨리기 위해 열리는 프로 권투경기의 구조적 특성이다. 차라리 4회전이나 6회전을 뛸 때 지는 것은 "매도 먼저 맞는 게 낫다"는 속담이 적용되기에 적절한 상황으로서 오히려 미래의 승리를 위한 보약이 될 수 있다. 하지만 높고 좁은 자리를 차지하기 위해 싸우는 10회전 이상의 단계에서 패배는 곧 죽음을 의미한다. 즉 정상에서 일순간에 바닥으로 떨어지는 것이다. 권투 세계의 '끝의 지점'에서 패배한 선수는 모든 것을 잃어버리고 상징적으로 죽는다. 세계 챔피언이라는 꿈이 잡을 수 없는 저 멀리에 뜬 구름 같지만 그렇다고 잡을 수 없지만은 않은 말 그대로 '꿈같은' 것이듯이 세계 챔피언의 문턱에서 일순간에 바닥으로 떨어지는 경험 또한 말 그대로 '꿈같은' 것이다. 그러나 그 악몽의 상황은 실재한다. 그 실제의 상황을 적어도 간접적으로나마 체험해보기 위해 관장님의 회고에 귀를 기울여 보자.

2000년 6월 필리핀 마닐라에서 벌어진 세계 챔피언전(WBC International Super Bantamweight Title)의 링 위에 당시 거인권투체육관 소속의 '슈퍼 에이스'는 도전자의 자격으로 올라섰다. 그 경기 이전까지 23전 23승 20KO라는 비현실적인 전적으로 승승장구하던 '슈퍼 에이스'는 이 경기에서 힘 한번 제대로 써보지 못하고 1회전 1분 42초 만에 충격적으로 KO패를 당했다. 다시 말해 오랜 기간에 걸쳐 이겨낸 스물세 번의 싸움의 누적적 과정의 결과가 세계 챔피언이라는 꿈의 현실화가 아님을 확인하는 데 걸린 시간은 불과 권투경기의 형식적 최소 단위인 3분-1회전도 채 되지 않았던 것이다. 결과적으로 그 경기는 그에게 처음이자 마지막으로 주어진 세계 챔피언전의 기회였다. 그날의 패배 이후 비록 네 번의 '덜 중요한' 경기에서 모두 승리하긴 했지만 더 이상 그가 싸워야 할 상대도 그와 싸우고자 하는 상대도 나타나지 않자 그는 어쩔 수 없이 은퇴할 수밖에 없었다. 반면 그날 거인체육관의 '슈퍼 에이스'를 한 방에 때려눕힌 필리핀의 복싱 영웅은 이후에도 계속 승리를 추가하며 지금까지 생생하게 생존해나가고 있다.

관장님 지금에 비하면 무명이었지. 그 당시에도 벌써 세계 챔

	피언이었고 필리핀 이런 데서는 최고 에이스였지만, 그래도 지금에 비하면 아무것도 아니었지.
콧털	그러면 그때 큰 기대는 안 하고 가신 거예요?
관장님	아니, 그때는 기대를 하고 갔지. 한 50:50 봤지.
콧털	그러면 졌을 때는….
관장님	아, 그럼. 뭐 실망도 많이 하고. 선수 애도 그걸로 거의 끝난 거 아니야.
콧털	그 선수분도 오고 나서 회복이 잘 안 된 거예요? 정신 상태나 그런 게?
관장님	그렇지. 한번 사기가 꺾이면 힘들어.
콧털	자기가 진 적이 없는 상태였다가….
관장님	그리고 주위 사람들도 전승할 때하고 KO로 지고 왔다고 할 때는 생각하고 말이 많이 달라. 시합 내용은 어떤지 잘 몰라. 현장에 안 가봤으니까 모르잖아. KO로 진 것만 갖고 이제 내용은 생각을 안 한다 이거지.
콧털	주변 대우도 달라지고… 주눅 드는 거네요. 그리고 혼자 다시 다 이겨내야 되는 거고.
관장님	그렇지. 그러니까 그 모든 게 다시 하려면 쉽지 않다는 얘기가 그래서 나와.
콧털	예전에는 뭐만 하면 사람들이 다 좋아했다가….
관장님	오, 쟤 전승이야. 뭐 몇 KO… 이러다가 아유 빠끼아오

(파퀴아오)한테 1회전에 KO 당했대. 그 당시에는 빠끼아오가 그렇게 인기가 있는 애가 아니었으니까.

콧털　그걸 혼자 다 감내해야….

관장님　그렇지. 그러다 보면 옛날에 도와주던 사람도 안 도와주고 어디 가서 뭐 한다고도 못하고….

콧털　진짜 외로워지는 거네요. 이때가 상실감이 제일 클 때겠네요. 끝에까지 간 거잖아요.

관장님　어차피 모든 스포츠와 권투는 다 자살 게임이야. 지는 놈은 죽는 거고 이기는 놈은 오래 사는 거고…. 그 사람이 해왔던 모든 거, 그 사람의 꿈, 모든 게 다 깨지는 거잖아.

콧털　사람들도 확 돌아서죠?

관장님　그럼. 같은 체육관 애들이 갈 때하고 깨지고 왔을 때하고 대하는 것도 좀 다르고. 안 달라도 자기는 그렇게 느끼는 거야. 같이 운동했던 후배 애들도 "형, 괜찮아요?" 이렇게 얘기하는 게 그게 또 거슬리고 그런다고. "이게 날 우습게 보나 이제?" 이러다 보니까 여기를 멀리할 수밖에 없는 거야. 체육관에서도 가기 전에는 그 형 무서워서 스파링 못했는데 갔다 와서 KO로 졌다 그러면 기를 쓰고 댐벼 또. 그게 달라지는 거야. 그럼 이 놈은 "아이씨, 저거 옛날에 내가 한 손으로 갖고 놀았는데… 이제 내가 안 되나….'이러는 거야. 애들이 이제 열 대 맞더라도 막 덤비거든 씩씩거리고 그러면서. 그러니까 그게 다른 거지.

콧털   그런 게 진짜 크겠네요. 어떻게 해줄 수가 없는 거네요.

관장님   해줄 수 없어. 그러니까 지고 나면 3-4년 또 걸린다는 얘기가 나오는 거야.

콧털   보통 일이 아니네요. 그런데도 재기하는 사례가 있어요?

관장님   어쩌다 한 번. 거의 없다고 봐야지.

콧털   아, 잔인하네요.

  적어도 지금 논의하는 프로 권투란 세계 챔피언을 꿈꾸는 권투이다. 그렇기 때문에 절실한 프로 권투 선수는 세계 챔피언이라는 꿈을 실현하기 위해 계속 싸울 수밖에 없다. 그런데 현실적으로 그리고 구조적으로 그 꿈은 결국 깨지기 마련이고 이때 프로 권투 선수는 상징적으로 죽음을 맞이할 수밖에 없게 된다. 즉 프로 권투는 일종의 '자살 게임'이고 이를 비약하면 "프로 권투 선수는 죽기 위해 프로 권투를 한다"는 극단적인 주장으로까지 밀고 나갈 수 있다. 그렇다면 발리에서의 닭싸움이 (발리인들의 대리물인) 닭의 실제적인 죽음을 통해 발리인들의 감추어진 기질인 "제어되지 않은 동물성의 파괴적인 힘"(기어츠, 2009: 493)을 상징적으로 표출하는 것과 정반대로, 프로 권투 선수가 "제어되지 않은 동물성의 파괴적인 힘"을 실제로 표출하고 상징적으로 죽는 이유는 무엇일까? 만약 프로 권투 세계에 발을 담그고 있는 프로 권투인들이 발리인들과 마찬가지로 프로 권투를 통해 그들의 "기질과 동시에 그가 속한 사회의 기질을 형성하고 또 발견한다"(기어츠, 2009: 531)고 가정한다면, 이때의 기질은 과연 무엇일까?

2) 투기(投機): '큰 것 한 방'을 향해 인생을 건다는 것

국내에서 프로 권투 선수는 주로 만화적 환상 서사의 영웅 이미지 — 4전 5기 홍수환, 15차 방어 장정구, 36연승 유명우, 8대 기구 통합 챔피언 김주희 — 로 소비되어왔다. 영웅은 고된 현실을 소위 헝그리 정신이라는 불굴의 투혼과 근성으로 극복한 후 세계적 업적을 성취한 자로서 리미널리티(liminality)의 연극/놀이적 형식으로의 표현(Turner, 1979: 465-466)[16]을 수행하고, 관객과 대중은 그 과정을 간접 체험하며

---

16 의례와 상징에 대한 분석/해석을 방법으로 하는 빅터 터너의 지적 작업은 애매모호한 상황에 대한 풍부한 학문적 논의의 장을 열었다는 측면

환호와 경의로 화답한다. 특히 세계 프로 권투에서의 영웅 서사는 현재진행형일 뿐만 아니라 상품성의 극대화를 이루고 있다. 가령 49전 무패 메이웨더(미국)와 8개 체급 석권 파퀴아오(필리핀)는 만화적 영웅의 경쟁 구도를 형성하며 포브스가 2012년 6월에 발표한 스포츠 스타 수입 순위(The World's Highest-Paid Athletes)에서 골프 황제 우즈를 제치고 각각 1위와 2위를, 2015년 순위에서는 축구계의 양대 황제 호날두와 메시를 제치고 각각 1위와 2위를 차지했다.[17] 이는 프로 권투의 영

에서 그 의의가 크다. 터너는 분리-경계-통합의 3단계로 구성되는 통과의례에서 이것이면서 저것인 혹은 이것도 저것도 아닌 경계의 단계, 즉 물리적으로 존재하나 사회적으로 존재하지 않는 역설적인 시간적 상황을 리미널한 기간(the liminal period)으로 포착하고 리미널리타라 개념화한다(Turner, 1967: 93-110). 그리고 이 리미널리티의 애매모호함으로부터 파생되는 비결정성의 영역에서 연극/놀이(play)적 속성을 포착해 그것을 리미널리티와 구별해 리미노이드(liminoid)라 개념화하고, 원시사회의 의례에 대한 상징 연구를 현대사회의 예술 특히 연극의 영역으로 확장한다(Turner, 1979). 리미널리티의 관점에서 원시사회가 하나의 구조적 집합체로서의 연구 대상이었던 것과 달리 리미노이드의 관점에서 현대사회의 연극은 극작가, 배우, 관객으로 연구 대상이 세분화될 수 있는데, 이 경우 명시적으로 관객을 위해 개최되는 (그러나 연극과 달리 극작가는 존재하지 않는) 프로스포츠, 특히 프로 권투는 일상의 구조적 상황과는 다른 리미널한 그 무언가이다.

[17] 2014년 6월 11일에 발표된 순위에서 메이웨더는 2013년 우즈에게 내주었던 1위 자리를 탈환했고 파퀴아오는 11위에 자리했다(Forbes.com). 순위가 변동된 2년 동안(2012년 6월부터 2014년 6월까지) 메이웨더는 세 번

웅 서사가 현대의 일반 대중에게 강력한 영향력을 발휘하고 있다는 하나의 증거이고, 이와 같은 영웅 서사는 비단 프로 권투뿐만이 아니라 올림픽경기[18]와 다양한 프로스포츠 나아가 히말라야 등반(오영훈, 2008: 82-83)에서도 전개되고 있다. 종목을 막론하고 스포츠는, 아니 스포츠라면 응당 영웅을 요구하기 마련이다.

의 경기에 나가 모두 이겼고 파퀴아오는 세 번의 경기에서 한 번의 충격적인 KO패를 당했다. 참고로 2014년의 순위에서 100위 안에 이름을 올린 프로 권투 선수는 클리츠코(25위)와 알바레즈(66위)를 포함해 총 네 명이고 이들의 수입은 다음과 같다. 메이웨더(1억 500만 달러), 파퀴아오(4,180만 달러), 클리츠코(2,800만 달러), 알바레즈(2,100만 달러). 왜 전 세계의 수많은 프로 권투 선수 중에서 유독 소수 '만', 특히 메이웨더 '만' 비현실적으로 많은 돈을 벌까? 비록 이 질문이 (포브스라는 매체의 수량화에 의한 가치 평가를 어떻게 비라볼 것인시에 대한 태도의 문제와는 별개로) 내 연구의 핵심 질문은 아니지만, "사람들은 왜 권투를 하는가?"라는 본질적인 연구 질문과 언제나 얽혀 있음을 부정할 수 없다.

18 예를 들어 얼마나 빨리 완주했는가를 100분의 1초 단위로 측정하는 수영 종목에서 선수 간의 실력과 선수들이 참여하는 경기 간의 질적 수준은 '객관적'으로 비교되고 서열화된다(Chambliss, 1989). 다시 말해 1등 리그에서 활동하는 선수라고 해서 다 같은 1등이 아니고 리그에서 1등 하는 선수라고 해서 다 같은 1등이 아니다. 서열화의 최고봉에 걸려 있는 것은 올림픽경기에서의 금메달이다. 설령 1등 중의 1등 중의 1등인 올림픽 금메달리스트의 우수함을 소위 '재능보다 노력'에 의한 일상적 우수함으로 해석한다(Chambliss, 1989: 81-85) 하더라도, 그것은 결과적으로 영웅적 우수함이다.

가설은 이러하다. 프로 권투에 발을 들인 사람은 영웅이 되기 위해 싸운다. 과연 그러한가? 그런데 이 가설이 정당하지 않음을 주장할 반례를 적어도 세계 챔피언을 지향하는 거인체육관에서는 찾을 수 없다. 왜냐하면 거인체육관은 "세계에서도 최고고 돈도 많이 받고 그만큼 유명한 스타"인 세계 챔피언을 길러내기 위해 존재하기 때문이다. 이 말장난 같은 순환논증은 위의 가설이 하나의 가설이 아니라 프로 권투에 대한 부분적 정의임을 의미한다. 즉 프로 권투에 발을 들인 사람들은 영웅이 되기 위해 싸운다. 오히려 지금의 논의에서 중요하게 다뤄져야 할 것은 실재하는 세계 챔피언이 매우 달성하기 어려운 비현실적인 꿈이라는 프로 권투의 역설이다. 그렇기 때문에 세계 챔피언이라는 '큰 것 한 방'을 향해 인생을 건다는 것은 일종의 도전이자 모험이자 도박이다. 즉 그것은 "기회를 틈타 큰 이익을 보려고 하는" 투기(投機)와 다를 바 없는 것이다. 모든 도박과 투기가 그러하듯이 '판돈'이 커지면 그만큼 성공할 확률은 줄어들기 마련이다.

김챔프 예전에 진짜 아무것도 몰랐을 때는 세계 챔피언만 되면 정말 엄청난 부자가 되는 줄 알았어요.
콧털 아유, 저쪽 미국이야 워낙 시장도 크고 그만큼 또 확률이 낮잖아요.

김챔프   그렇죠. 그런데 그런 세계 챔피언들이 또 있기는 있으니까. 그래서 그때는 진짜 세계 챔피언 안 되면 자살해야겠다는 생각으로 하루하루 훈련했던 것 같아요.

콧털   그런데 권투는 진짜 이기는 놈 한 놈한테만 전부 다 몰아주는 독한 종목인 것 같아요.

김챔프   그래서 외로운 종목이에요. 그래도 이기면 다 내 거니까. 하하하.

이와 같은 프로 권투의 투기적 특성에 대한 논의를 심화시키기 위해, 거인체육관의 상황에서 잠시 벗어나 다시 한번 "발리의 닭싸움에 관한 기록들"(기어츠, 2009: 482-532)에 주목해보자. 기어츠는 닭싸움을 둘러싼 모든 측면을 도박을 중심으로 해석하면서(기어츠, 2009: 498-506), 중앙에서 이루어지는 내기의 규모가 큰 "심층적인" 경기에는 물질적인 것보다 더 중요한 것들, 즉 위신, 명예, 위엄, 존경심 등 — 한마디로 지위라고 할 수 있는 것들 — 이 걸려 있음(기어츠, 2009: 508)을 분석해냈다. 다시 말해 발리인들은 닭싸움과 직접적으로 얽힌 내기에 돈보다는 지위를 거는 것이며, 그런 내기에 참가함으로써 암시적이고 은유적으로 공적인 자아를 사람들의 눈앞에 내놓는 것이다(기어츠, 2009: 509). 발리의 닭싸움이 한편으로 위신을 확인하고 지키고 찬양하고 정당화시킬 필요성이 있는 자들[19]의 "지위를 둘러싼 유혈극"(기어츠, 2009: 512)으로서의 "심층 놀이"라면, 그것은 다른 한편으로 발리인들이 인간 존재성의 주요 목적인 "삶에 의미를 부여하기"(기어츠, 2009: 509) 위해 벌이는 "심층 놀이"이다. 그런데 이것을 통해서 정말로 지위가 달라지는 사람은 아무도 없다(기어츠, 2009: 520). 발리의 "심층 놀이"는 인간과 짐승, 선과 악, 에고와 이드의 이항대립이 공적으로 교차하며 녹아드는(기어츠, 2009: 493) 상징적 드라마 혹은 상징적 투기일 뿐이다. 즉 발리인들은 닭싸움을 통해 감춰두었던 동물성의 기질을 상징적으로 표출하고 각자의 지위를 확인한 후, 아무 일 없었다는 듯 다시 현실로 돌아가는 것이다. 그렇기 때문에 닭싸움은 오로지 닭에게만 정말로 현실이 된다(기어츠, 2009: 520).

이제 다시 거인체육관의 상황으로 돌아와보자. 거인체육관에서 세계 챔피언을 꿈꾸는 프로 권투 선수가 과연 "지위를

---

19 발리의 닭싸움에서 많은 경기가 사실상 소규모 지역 상인들의 소규모 연합에 의해서 조직되고 후원되는 것(기어츠, 2009: 507)과 유사하면서도 사뭇 다르게, 한국 프로 권투의 많은 경기는 중소기업가들, 특히 건축업자들에 의해 조직되고 후원되곤 한다. 보통 4회전 경기부터 10회전 경기까지 골고루 배치해 총 40-50회전으로 구성되는 하나의 대회에서 가장 많은 돈을 지불하는 후원자에게는 "대회장"이라는 명칭을 달아 공식적으로 그의 지위를 확인해주고 최대한 그 "대회장"의 지위를 홍보해 준다.

둘러싼 유혈극"을 지향하기 위해 훈련에 매진하고 있을까? 혹은 거인체육관에서 세계 챔피언이 배출되기를 기다리는 관장님은 과연 그동안 감춰두었던 동물성의 기질을 상징적으로 표출하기 위해 선수를 훈련시키고 있을까? 두 가지 질문을 하나로 합치면, 과연 그들은 삶에 의미를 부여하기 위해 상징적으로 싸운 후 아무 일 없었다는 듯 다시 현실로 돌아가기 위해 투기하는가? 그렇지 않다. 앞서 사례로 제시한 세계 챔피언전에서 패배한 선수의 상징적 죽음이 실제로 벌어진 투기의 결과이듯이, 적어도 거인체육관에서 프로 권투는 상징적 드라마가 아닌 실제적 드라마이다. 승리하든 패배하든 하나의 경기를 마치고 돌아오면 상황은 실제로 달라진다. 닭싸움이 닭에게 정말로 현실인 것과 마찬가지로 프로 권투라는 투기는 프로 권투 선수와 그 트레이너(관장님)에게는 정말로 현실이다. 거인체육관에서 세계 챔피언이라는 꿈을 향한 투기는 때때로 (사실상 대부분) 비극으로 끝나지만 그럼에도 불구하고 그 투기가 지속되는 이유는 역설적으로 그것이 매우 달성하기 어려운 비현실적인 꿈이기 때문이다. 그리고 그들에게 중요한 것은 도전하는 과정 그 자체에서만 지각할 수 있는 구체적인 사건들이다.

콧털   관장님은 언제가 제일 좋으세요?

관장님　도전할 때. 특히 도전하기 전에가 제일 좋지. 그리고 그래도 해볼 만할 정도가 됐을 때 챔피언 도전하는 게 가장 좋지. 조금만 더 하면 될 수 있을 것 같고.
콧털　그건 선수도 마찬가지겠죠?
관장님　그럼. 그러고 나서 챔피언 되면 너무 통쾌하지만 하루가 지나면 다시 걱정이다 이거야. 왜. 내 새끼 실력도 알고 뭐도 알고 다음 상대가 누구라는 것도 알고, 아우 그러면 이제… 선수도 또 그렇게 힘들게 훈련할 생각하면 막막하겠지. 이겨서 기분 좋은 건 그날 그 순간 그리고 며칠 정도다 이거야.
콧털　그래도 다시 그때를 위해서….
관장님　그럼. 도전하는 게 가장 좋은 거야. 방어하는 거보다 도전할 때가 좋은 거야.

세계 챔피언을 꿈꾸며 프로 권투에 입문한 어느 선수에게 주어진 "링에 오르기 전과 오른 후, 불과 몇십 분 사이에 인생이 달라졌다"(김주희, 2011: 57)는 실제적 보상은 그 투기가 아직 결말지어지지 않은 실제적 드라마의 과정에 있었기 때문에 가능한 것이다. 이는 마치 도박에 중독된 사람들의 목적이 단순히 한 판 따고 뜨는 데 있는 것이 아니라 도박 그 자체를 지속하는 과정에 있는(Schüll, 2005: 75) 것과 다를 바 없다. 다시 한번 반복하면 비록 환상이지만 '큰판'에 대한 기대 (Wacquant, 2004: 46)는 프로 권투 선수들이 그럼에도 불구하고 현실의 훈련을 담보로 미래를 향해 몸을 기투(企投)하는 매우 중요한 이유이다. 거인체육관에서 세계 챔피언을 지향하며 프로 권투를 하는 사람들에 대해 (메타 사회적인 해석의 층위에서) "그들은 '큰 것 한 방'을 향해 인생을 거는 도전이자 모험이자 도박인 과정 그 자체를 즐기는 투기적 기질의 사람들이다"라고 말할 수 있는 이유 역시 여기에 있다.

2. 프로 권투: 폭력과 파괴를 드러내다

프로 권투는 큰 것 한 방을 향해 인생을 건 사람들이 돈을 걸고 서로를 떨어뜨리기 위해 기를 쓰고 싸우는 스포츠이다. 그런데 프로 권투는 단지 돈을 걸고 싸우는 스포츠일 뿐만 아니라 주먹을 사용해 상대방의 상반신(몸)을 실제로 가격하는 스포츠이기도 하다. 즉 프로 권투를 하는 사람들의 투기적 기질에는 필연적으로 몸에 대한 폭력과 파괴를 드러내고자 하는 기질이 수반된다. 그렇기 때문에 만약 "사람들은 왜 프로 권투를 하는가?"라는 질문에 보다 중층적으로 대답하고자 한다면 당연히 "사람들은 왜 몸에 대한 폭력과 파괴를 드러내고

〈낡은 포스터 "Best Bout"〉 ⓒ2014 홍성훈

자 하는가?"라는 질문에 대해서도 추가적으로 대답해야 할 것이다. 굳이 몸에 대한 폭력과 파괴를 드러내지 않고도 인생을 걸 수 있는 투기의 종목은 무궁무진[20]하다.

20 '부동산 투기'와 같은 용례로 사용될 때의 비윤리적인 의미를 탈색시킬 경우, 인간에게는 보편적으로 투기적 기질이 내재한다고 생각해볼 수 있지 않을까?

1) 사각의 링

[경기 규칙]

제79조[21]

연맹이 승인하는 모든 공식 경기의 링은 아래 조건을 구비해야 한다.

1) 로프 안 면적이 44m² 이상 67m² 이내로 설치되어야 한다.
2) 링 플로어 위에는 수평으로 두께 2.5cm 이상의 매트를 깔고 그 위를 캔버스로 덮는다.
3) 로프 외측 플로어는 그 폭이 66cm를 넘을 수 없다.
4) 홍 코너와 청 코너를 마주보게 설치하고 중립 코너 중 한곳을 지정하여 계단을 설치한다.
5) 링의 높이는 경기장 바닥 또는 지면으로부터 130cm 이상 설치한다.
6) 링은 플로어로부터 각각 45cm, 73cm, 102cm, 130cm의 높이에 강하게 당긴 4개의 직경 2.5cm 이상의 로프를 설치하고 로프의 4각에는 부드러운 완충장치를 설치해야 한다.

---

21 재단법인 한국프로복싱연맹의 경기 규칙 '제21장: 경기장 설치 규정' 중 일부.

모든 스포츠는 규칙과 규정으로 제한한 공평한 상황에서 승패를 가른다. 프로 권투 또한 세세한 규칙과 규정으로 형식화되어 있는데, 여타의 스포츠에 비해 뚜렷이 구별되는 프로 권투만의 특징은 사각의 링에 대한 구체적인 설치 규정이다. 그중에서 특히 주목할 대목은 링의 바닥을 경기장 바닥 또는 지면으로부터 130cm 이상의 높은 위치에 설치해야 한다는 규정이다. 이 설치 규정으로부터 출발해 프로 권투를 새롭게 해석하기 위해 우선 땅바닥의 층위와 링 바닥의 층위를 구별하고 질문을 하나 만들어보자. "왜 사각의 링은 일상(땅바닥)의 층위와 다른 혹은 그보다 높은 층위의 평면[22]에 설치되어야만 하는가?"

인류학자 메리 더글러스는 원시의 오염 관념이 사회의 상징체계를 표현한다고 주장하고, 나아가 현대의 오염 관념도 단지 위생학적인 관점에서만 비롯되는 것이 아니라 모든 사회의 복잡한 상징체계와 연결된다고 보았다(유제분, 1996: 50). 다시 말해 문화적 분류와 사회질서의 가장 기초가 되는 것은 '영역의 경계를 상징하는 존재'이며 이 존재는 한 집단

---

[22] 서로 맞붙어 싸워야 하는 두 명의 프로 권투 선수는 싸우기 위해 반드시 링 안으로 들어가야 할 뿐만 아니라 링 위로 올라가야 한다. 링이 아닌 곳에서의 싸움은 프로 권투가 아니라 말 그대로 그냥 '싸움'이다.

을 다른 집단과 구별하는 방식이라는 것이다. 여기서 무엇이 무엇을 더러운 것으로 또는 깨끗한 것으로 규정하는가를 이해하는 것은 사회의 도덕 질서의 가장 깊은 비밀을 이해하기 위한 기초가 된다(유제분, 1996: 50). 이와 같은 맥락에서 프로 권투라는 세계에서 영역의 경계를 상징하는 존재를 사각의 링으로 설정할 경우, 사각의 링은 단순히 프로 권투를 상징하는 시설물로서의 역할을 넘어서 안과 밖을 경계 짓고 사회적·도덕적 질서를 부여하는 공간으로 역할이 재설정된다. 즉 사각의 링은 일상(땅바닥)의 층위와 다른 혹은 그보다 높은 층위의 평면 위에 설치됨으로써 오염된 영역인 일상의 층위와 오염되지 않은 영역인 링 위의 층위를 구별하는 것이다. 이는 마치 종교적인 사원이 일상 공간으로부터 단절된 이질적 공간(이창익, 2004: 57)으로 기능하듯이, 사각의 링이 일상의 평범한 사람들로부터 단절된 비범한 권투 선수의 깨끗한 몸[23]이

[23] "근대적인 스포츠는 운동선수가 최소한의 옷차림을 한 채 관객에게 최대한의 몸동작을 보여주는 것을 특징으로 한다. 스포츠의 중심에는 항상 인간의 몸이 놓여 있다. 선천적인 신체 조건과 후천적인 신체 연마가 적절히 결합될 때 스포츠의 몸은 완성된다. 스포츠는 '몸의 교과서'를 만들어내며, 각각의 스포츠 종목은 가지각색의 몸을 전시하는 '몸의 박물관'처럼 느껴진다. 스포츠는 본질적으로 신체적인 불구와 기형이라는 관념을 철저히 배제한다. 스포츠는 표준적인 몸, 이상적인 몸, 완벽한 몸을 제시하는 현장, 즉 '몸의 원형'이 전시되는 현장이다."(이창익, 2004: 15)

전시되어야 하는 비일상적이고 의례적인 공간으로 기능한다고 비유하는 것과 같다. 또한 오염되지 않은 순수함은 부서지고 흩어지기 쉬운 것이기 때문에 기술적 장치로 묶어놓아야 하는데, "링은 플로어로부터 각각 45cm, 73cm, 102cm, 130cm의 높이에 강하게 당긴 4개의 직경 2.5cm 이상의 로프를 설치하고 로프의 사각에는 부드러운 완충장치를 설치해야 한다"는 규정을 이러한 맥락에서 이해할 경우, 사각의 링은 오염된 일상의 영역으로부터 깨끗함을 구별할 뿐만 아니라 그 깨끗함을 묶어서 모아두는 일종의 희생 제의의 제단으로 형식화되어 있음을 알 수 있다. 그런데 희생 제의란 무엇인가?

앙리 위베르와 마르셀 모스의 정의를 따를 때 "희생 제의(sacrifice)는 희생 제물의 신성화를 통해 소기의 목적을 달성하려는 도덕적 인간의 조건 혹은 그와 관련된 특정 대상의 조건을 수정하는 종교적 행위"이다(Hubert & Mauss, 1964: 13). 역사적으로 그리고 현상적으로 희생 제의는 그 목적의 다양성에 따라 다양한 유형으로 존재하고 기능하지만, 그것들은 단 하나의 작동 원리(mechanism)로부터 발생한 외피들에 불과하며(Hubert & Mauss, 1964: 18), 결국에는 모두 "입장-제물(이 겪는 변화)-퇴장"의 세 단계로 도식화되는 하나의 형식으로 수렴된다(Hubert & Mauss, 1964: 19-49).

희생 제의에 입장한다는 것은 희생 주체(the sacrifier)가 수정되어야 할 조건이었던 일상의 논리에서 벗어나 신성화된 세계로 진입하는 것을 의미한다. 그런데 이를 위해서는 반드시 일상적 장소와 구별되는 신성화된 장소가 선결적으로 요구된다(Hubert & Mauss, 1964: 25). 예를 들어 희생 제의를 위한 특정 사원이 존재하지 않는 힌두교의 경우, 희생 주체는 희생 제의를 거행하기 위해 새로운 장소를 선택하고 스스로 그 중심에 불(성화)을 붙임으로써 성스러운 장소를 축성해야만 한다(Hubert & Mauss, 1964: 26). 그리고 이와 같은 축성의 원리는 전용 경기장 없이 그때그때 경기가 열릴 때마다 주최 측에서 새롭게 링을 설치해야만 하는 프로 권투의 형식원리와 매우 유사하다. 다시 말해 프로 권투라는 세계에서 링 바닥을 일상의 바닥보다 높은 위치에 설치한다는 것과 그 바닥을 사각의 링으로 둘러싸 묶어낸다는 것은 희생 제의를 위한 성스러운 장소로서의 제단을 축성하는 것과 다름없는 것이다. 신성화된 장소가 아닌 곳에서 제물을 바치는 행위가 희생이 아니라 그냥 도살/살해에 불과한 것(Hubert & Mauss, 1964: 25)과 마찬가지로 링이 아닌 곳에서의 싸움은 프로 권투가 아니라 말 그대로 그냥 싸움에 불과하다.

2) 불사의 몸에 대한 열망 그리고 헝그리 정신

만약 사각의 링이 희생 제의를 위한 제단이라면, 링 위에 오르는 권투 선수는 제단 위에 봉헌되는 제물(the victim)이라고 할 수 있다. 그렇다면 이때 희생 제물의 신성화를 통해 소기의 목적을 달성하려는 도덕적 인간, 즉 희생 주체는 누구인가? 누가 권투 선수를 사각의 링에 봉헌함으로써 일상의 논리에서 벗어나 신성화된 세계로 진입하고자 하는가? 관객을 상정한 뒤 개최되는 프로 권투의 특성을 고려한다면 우선 관객을 희생 주체로 설정해볼 수 있을 것이다(이창익, 2004: 64-70). 왜냐하면 근대 스포츠의 가장 큰 특징은 운동선수와 관객의 분리이고 관객이야말로 스포츠에 희생 제의적 특성을 부여하는 중심축이 되기 때문이다(이창익, 2004: 64). 그러나 위베르와 모스가 설명하는 희생 주체의 의무를 보다 꼼꼼하게 살펴보면, 얼마간의 돈을 지불하고 편안한 자리에 앉아 일시적인 집합적 고양(collective effervescence)[24]의 경험을 기대하는 관객

---

[24] 공동체 및 공동체 의식에 관한 제반 이론들의 원류로 꼽히는 에밀 뒤르켐의 이론에서는 집합 의식이 각종의 집단적 의례에 참여하여 얻게 되는 행위자들의 공동체적 경험, 즉 '집합적 고양'을 토대로 형성되는 것임을 주목하고 있다. 뒤르켐은 이러한 집합적 고양의 경험을 제공하는 집단적 의례가 원시부족 사회들에서는 종교 의례의 형태를 취하지만,

에게 희생 주체의 역할을 부여하기에는 그 요구 조건이 기대 이상으로 까다롭다는 것을 알 수 있다.

위베르와 모스가 희생 주체에게 요구되는 변화의 방식을 설명하기 위해 선택한 사례는 태양신을 위한 희생 제의에서 희생 주체의 준비 과정에 대해 "딕샤(diksha)"라고 이름을 붙인 형식이다. 이 과정의 목적은 희생 주체에게 내재되어 있던 세속적 존재를 필사적으로 벗겨냄으로써 그 희생 주체를 완전히 새로운 형태로 다시 태어나게 하는 것이다(Hubert & Mauss, 1964: 20). 신에게 접속하기 위해서는 스스로 신이 되어야만 한다. 이를 위해 우선 희생 주체는 특별히 제작된 오두막에 격리되어 면도를 하고 손톱을 깎고 정화의 목욕을 하고 새 옷으로 갈아입음으로써 이제 막 새로운 존재로 거듭나기 직전의 상태임을 표시한다(Hubert & Mauss, 1964: 20). 그런 다음

근대사회에서는 종교 의례들 외에도 정치 집회, 도시 축제, 스포츠 행사 등 다양한 형태를 취할 수 있음을 지적한 바 있다(황익주·정헌목, 2012: 104에서 재인용). 특히 뒤르켐은 사람들이 군집했을 때에는 마치 주파수가 겹쳐 증폭되듯이 서로가 서로를 고양시켜 일종의 전기(전율)가 발생하는 것과 같은 굉장한 행복감을 느낄 수 있다고 강조했는데(Swyers, 2010: 49에서 재인용), 굳이 뒤르켐의 논의에 빗대어 설명하지 않더라도 스포츠가 제공하는 집합적 고양의 경험적 사례는 주위에서 어렵지 않게 찾을 수 있고 록(rock)으로 대표되는 대중음악의 콘서트 현장에서도 경험적으로 확인할 수 있다.

성수를 바르고 검정 영양의 살가죽을 뒤집어쓰면 무언가 새로운 생명체가 그의 몸 안으로 섞여 들어오는 가장 엄숙한 순간이 찾아온다. 이제부터 그는 탄생을 앞둔 일종의 태아가 된다. 위대한 의식의 서막이 진행되는 동안 내내 자궁 속의 태아처럼 주먹을 꼭 쥐고 있어야 했던 희생 주체가 자궁 안에서의 태아의 움직임을 흉내 내듯 장작불(성화)의 주위를 돌고 난후, 쥐고 있던 주먹을 펴고 그를 가리고 있던 덮개를 모두 벗어버리면 드디어 그는 신성한 존재, 즉 일종의 신으로 다시 태어나게 된다(Hubert & Mauss, 1964: 21). 더욱 중요한 것은 그가 신이 된 이후에도 몇 달 동안 우유 이외에는 어떤 음식도 허용되지 않는 금식의 기간을 거쳐 가장 최고조로 그의 신경계가 흥분될 수 있을 때까지, 즉 불멸의 몸이 될 때까지 가능한 한 그의 필멸의 몸을 벗겨내야만 한다는 것이다(Hubert & Mauss, 1964: 21, 113-114).

[경기 규칙]
제63조[25]
연맹이 승인하는 모든 공식 경기에 출전하는 선수의 체급별 한계체중은 다음과 같다.

---

[25] 재단법인 한국프로복싱연맹의 경기 규칙 '제16장: 체급' 중 일부.

미니멈급(미니플라이급)	47.627Kg 이하(105 파운드 이하)
라이트플라이급(주니어플라이급)	48.980Kg 이하(108 파운드 이하)
플라이급	50.800Kg 이하(112 파운드 이하)
슈퍼플라이급(주니어밴텀급)	52.160Kg 이하(115 파운드 이하)
밴텀급	53.520Kg 이하(118 파운드 이하)
슈퍼밴텀급(주니어페더급)	55.340Kg 이하(122 파운드 이하)
페더급	57.150Kg 이하(126 파운드 이하)
슈퍼페더급(주니어라이트급)	58.970Kg 이하(130 파운드 이하)
라이트급	61.230Kg 이하(135 파운드 이하)
슈퍼라이트급(주니어웰터급)	63.504Kg 이하(140 파운드 이하)
웰터급	66.680Kg 이하(147 파운드 이하)
슈퍼웰터급(주니어미들급)	69.850Kg 이하(154 파운드 이하)
미들급	72.570Kg 이하(160 파운드 이하)
슈퍼미들급	76.200Kg 이하(168 파운드 이하)
리이드헤비급	79.380Kg 이하(175 파운드 이하)
크루저급(주니어헤비급)	90.719Kg 이하(200 파운드 이하)
헤비급	90.719Kg 이상(200 파운드 이상)

"딕샤"와의 비교를 통해 유추하면 프로 권투라는 희생 제의에서 희생 주체의 역할은 관객이 아니라 권투 선수 그 자신에게 부여되는 것이 적절하다. 왜냐하면 체급별로 분류되

어 경기를 치르는 프로 권투에서 경기를 앞두고 완벽히 형식화된 과정은 권투 선수의 몸무게를 측정하는 '계체량'[26]이기 때문이다. 즉 프로 권투 선수는 일정 기간 동안의 금식을 통해 필멸의 몸으로부터 불멸의 몸을 만들어내야만 비로소 경기(의식)를 시작할 수 있다.

물론 프로 권투 선수가 금식을 통해 체중 감량을 하는 이유를 본인의 몸을 최대한 가볍게 만들어서 평소 체중이 본인보다 덜 나가는 상대 선수를 선택하려는 전략에서 찾을 수도 있다. 그런데 프로 권투는 상대방과 맞붙어 싸우는 격투기이고 그렇기 때문에 너무나 상식적인 질문으로 그 전략에 대해 반론할 수 있다. 체중을 너무 많이 감량해버리면 상대방과 싸울 기력이 남아 있기나 할까? 모든 프로 권투 선수에게는 상대와 겨루기에 최상의 조건이라고 할 수 있는 각자의 적정 체중이 있기 마련이고 그 적정 체중을 찾아내고 그 체중에 맞게 몸을 변형시키는 것 또한 하나의 훈련 과정이다. 이 과정을 견

---

26   계체량에 대한 규정을 살펴보면 "연맹이 승인하는 모든 공식 경기에 출전하는 선수는 계체량 일시, 장소, 시간을 통보받은 후 매니저 또는 대리인과 함께 지정된 시간(원칙적으로 경기 시작 24시간 전)과 장소에 참석하여 연맹 검사원 입회하에 계체량을 한다. 계체량 시간에 지각을 하거나 참석지 않으면 선수는 실격 또는 불이익을 받는다"(제18장: 계체량, 제68조)와 같이 그 형식이 엄격하게 정해져 있음을 알 수 있다.

더 냄으로써 선수는 배짱, 끈기, 투지 등 실전의 격투기를 위해 꼭 필요한 정신력, 소위 '헝그리 정신'을 몸에 새겨 넣을 수 있다. 그리고 굳이 이렇게까지 '헝그리 정신'이 형식적으로 강조되어야 하는 이유는 사람과 사람이 실제로 서로 맞고 때려가면서 싸우는 프로 권투가 소위 '맨정신'으로는 감당할 수 없는 고된 일일 뿐만 아니라 그 자체로 인간의 한계를 초월할 것을 요구하기 때문이다. 정리하면 프로 권투 선수는 단순히 경기에서 유리한 입장에 서기 위해 체중 감량을 하는 것이 아니라 일종의 희생 제의에 참여하는 희생 주체인 동시에 희생 제물로서 "낡은 몸을 버리고 새로운 몸을 얻고자 하는 재생을 향한 욕구와 인간의 유한한 몸을 신적인 몸으로 변형시키고자 하는 불사의 몸에 대한 열망"(이창익, 2004: 17)을 적극적으로 드러내기 위해 체중 감량을 한다고 할 수 있다.

권투 선수는 사각의 링 위에 자기의 몸을 봉헌함으로써 그리고 자기의 몸이 봉헌됨으로써 일상의 논리에서 벗어나 신성화된 세계로 진입하려고 애쓰거나 애써진다. 즉 권투 선수는 사각의 링이라는 제단에 올라선 희생 주체인 동시에 올려놓아진 희생 제물로서 프로 권투경기라는 희생 제의에 입장하는 것이다. 그러나 희생 제의에서는 일반적으로 희생 주체 혼자서 성스러움이 과도한 희생 제물을 직접 다룰 수 없기 때문에 성과 속의 경계에 선 가시적 행위자 혹은 희생 주체와 희생 제물을 매개하는 또 다른 매개자로서 희생 집전자(the sacrificer)의 역할이 요구된다(Hubert & Mauss, 1964: 22-23).

프로 권투라는 하나의 세계에서 그 역할은 선수의 훈련을 총괄하는 트레이너가 담당하기 마련이다. 이때 트레이너는 희생 제의의 주체로서의 선수와 제물로서의 선수를 동시에 다룰 수 있는 자격이 주어진 자로서 체중 감량의 과정에서 발생하는 온갖 잘못을 예방하고 제어하게 된다. 그렇기 때문에 거인체육관에서 지난 이십여 년의 세월 동안 트레이너로서 수많은 선수의 체중 감량을 직접 집전한 관장님의 해석은 프로 권투 선수의 체중 감량이라는 고행에 담겨 있는 의미가 무엇인지를 이해하는 하나의 통로가 될 수 있다.

관장님   권투 선수는 중량을 10kg이고 20kg이고 빼고 계체량을 달았을 때, 너무 힘들지? 그렇지만 그때가 몸이 가장 좋을 때야. 가장 가볍고 가장 좋을 때야. 그렇기 때문에 그런 몸이 나올 수 있느냐 없느냐는 그 선수만이 할 수 있는 거야. 배짱이 없고 마음이 약하고 이런 애들은 중량을 못 맞춰. 뭐, 1-2kg 빼는 거야 못 맞추는 애가 어디 있어? 그런데 막 10kg씩 빼는 데는 끈기가 있어야 되고 배짱이 있어야 돼. 지금까지 그 중량을 못 빼서 챔피언을 못한 애들도 많아. 먹는 걸 참지 못하는 거지. 배고픈 건 못 참는 거야. 자다가 꼬르륵하면 나가서 먹는 거야. 그걸 통과를 못하면 시합 자체를 못하는데.

콧털   그러면 그 중량 빼는 게 체급 맞추려고만 하는 게 아니라 사람이 가장 가벼운 상태를 만드는 거죠?

관장님   그렇지. 그때는 힘없다 이거야. 그렇지만 가장 좋은 몸 상태다 이거지. 우리가 시합을 하면 "어 쟨 중량을 너무 많이 뺐다, 얘는 중량을 너무 덜 뺐다" 하는 게 나와. 왜? 중량을 많이 빼면 이 피부가 건조해. 기름기가 없어. 그렇지만 통통해가지고 취미로 올라오는 놈은 기름기 발발 뜨잖아. 그런데 그 몸을 빼는 거를 훈련으로 빼느냐 강제적으로 굶어서 그냥 막 사우나에서 빼느냐 차이가 있어. 운동량이 많으면서 빼면 아주 이상직이야. 또 인내심이 적으면 중량을 많이 못 빼는 애들이 있어. 또 중량을 많이 빼면 힘을 못 쓰는 애들이 있어. 이런 거를 세계 타이틀매치까지는 시합을 많이 하잖아. 그런 거를 놓고 자꾸 보는 거야. 펀치가 좋았는데 중량을 빼니까 펀치가 없네, 뭐 이런 게 데이터가 나오는 거야. 배짱 없고 참을성 없으면 중량을 어떻게 빼겠냐 이거야.

콧털   그러니까요. 저도 그 잠깐 한 달 하는 동안에도 어휴….

관장님	그렇지만 너도 그 한 달 하는 동안 그때가 몸이 제일 좋을 때다 이거야. 가볍고. 물론 맘대로 못 먹으니까 짜증도 나고 배도 고프고 물도 먹고 싶고 그렇지만 그때가 제일 좋을 때라 이거야.
콧털	그러니까요. 그거 언제 해보겠어요. 확실히 저도 여러 가지 느낀 게 많았어요. 어휴, 63kg는 태어나서 처음 돼봤어요.
관장님	그게 너도 프로 테스트에 합격해야겠다는 꿈이 없었으면 그거 못 빼. 그게 다 꿈이 있어야 되는 거야. 그 꿈이 없으면 욕심이 없으면 못 빼는 거야. 그게 다 헝그리 정신이야.

권투 선수의 이상적인 체중 감량 방법은 갑자기 강제로 굶거나 사우나에서 수분을 빼는 것[27]이 아니라, 평소의 운동량을 유지하면서 식사량을 서서히 줄여나가는 것이다. 즉 공

---

27 경기가 임박했음에도 불구하고 체중을 맞추지 못한 선수들의 다양한 '벼락치기' 체중 감량 사례는 거인체육관에서 일상적으로 구전되고 있다. 예를 들어 운동복을 여러 겹 겹쳐 입고 사우나에서 경기 전날까지 훈련을 한 선수, "안티푸라민"이라는 소염제를 혀에 발라 강제로 식욕을 억제하고 마지막 침 한 방울까지 쥐어짜낸 선수 등. 이러한 사례의 주인공들은 비록 감량에는 성공했을지언정 대부분 좋은 경기를 치를 수 없었다고 전해진다.

식적으로 계체량을 시행하는 경기 전날까지 몸에 남아 있는 지방을 최소화시킴으로써 근육만 남겨진 가장 마른 상태를 만들고 내일의 싸움(의식)을 위해 필요한 딱 그만큼의 체력만 남겨두는 것이다. 모든 것을 비워낸 가장 가벼운 몸. 기름기 하나 없이 건조한 피부에 바싹 마른 몸을 만든 권투 선수들은 그렇기 때문에 계체량에서 중량을 다는 순간, 가릴 수 있는 것이 다 벗겨진 가장 원시적인 상태를 경험하게 된다.[28] 그것은 헝그리 정신의 직접적 구현이자 의식에 입장하기 위해 요구되는 기본 조건이다. 그리고 나는 권투 선수가 일종의 희생 주체이자 희생 제물로서 의식을 준비하는 이 고행의 과정을 비록 강도는 프로 경기의 그것에 비해 덜할지라도 프로 선수로서 활동할 수 있는 자격을 부여하는 공식 절차인 "프로 테스트"[29]에 참가함으로써 직접 체험해볼 수 있었다.

28 선수를 관리하는 트레이너들은 계체량을 마친 상대 선수의 행동을 보고 내일의 경기를 위한 전략을 준비하기도 한다. 왜냐하면 그 순간 그 선수의 감출 수 없는 진실을 포착할 수 있는 기회가 생기기 때문이다. 예를 들어 중량을 달자마자 물을 많이 마신다든가 콜라를 허겁지겁 마신다는 것은 그만큼 감량에 고전했다는 증거이다. 그래서 남은 하루 동안 감량 기간에 먹던 양보다 많은 양의 음식을 먹을 가능성이 높기 때문에 1회전부터 배를 집중 공략하는 전략을 짠다고 한다.
29 "프로 테스트라 함은 아마추어를 거치지 않은 프로 복서 지망생이 프로 복서가 되기 위해 받는 자격 심사 경기를 말한다."(재단법인 한국프로복싱연맹의 경기 규칙 제4장, 제11조)

"프로 테스트가 어쩌고저쩌고…"라는 이야기가 살포시 고개를 내민 것은 2014년 여름 무더위가 기승을 부릴 무렵이었다. 2011년 11월 말 아무 생각 없이 그냥 그곳에 마침 있었던 거인체육관에 발을 들인 후, 인류학 연구를 계기로 권투 선수 되기라는 목표를 설정하고 그것을 지향하며 최선을 다해 거인체육관의 권투를 몸에 새겨 넣고 축적시켜온 지 어느덧 2년 반 남짓 되던 때. 나 역시 프로 테스트라는 공식적인 통과의례에 대해서는 이미 알고 있었고 언젠가는 이 통과의례를 치름으로써 권투라는 세계의 보다 깊은 곳을 경험할 수 있을 것이라는 막연한 기대감을 가지고 있었다. 하지만 그것의 실재화 여부는 내가 스스로 결정할 수 있는 성질의 것이 아니었다. 왜냐하면 프로 테스트는 체육관 소속 선수로서 참가하는 것이고 이와 관련된 모든 결정 권한은 선수의 트레이너인 관장님에게 있었기 때문이다. 원님 덕에 나발을 불게 된 것인지 떡 본 김에 제사를 지내게 된 것인지 하여간 예전부터 프로 테스트에 참가하기 위해 전의를 불태워오던 나보다 열 살 어린 '청년 복서'[30]의 열정에 편승한 덕분에 나는 관장님의 "옛날 권투 잘나가던 때였으면 아직 그거 나갈 실력은 아니지만…"이라는 출전 명령을 공식적으로 하달받기에 이르렀다 ― 8월

30　선수 지망생, 20대 중반, 체육관 경력 5년여.

25일.

    결전의 날 9월 27일까지 남은 기간은 한 달 남짓. "굳이 무리해서 감량할 필요 없고 가서 그냥 기본기에만 충실하게 성심성의껏 하고 오면 돼"라는 관장님의 무관심 같은 관심에도 불구하고 나는 '이번 아니면 언제 팔자에도 없는 권투 선수처럼 살아보고 또 체중 감량의 고행을 경험해보겠나'라는 심산으로 모든 사생활을 최소화하고, 비록 세계 챔피언이 될 가능성은 0이지만 마음만은 세계 챔피언을 꿈꾸는 진지한 권투 선수의 모드로 들어섰다. 내가 원하는 것은 합격이라는 결과보다는 경기를 진지하게 준비하는 과정 그 자체에서 경험할 수 있는 구체적인 느낌들이었다. 목표 체급은 슈퍼라이트급(63.504kg)으로 정했다. 이전까지 단 한 번도 의도적인 체중 감량을 해본 적이 없었던 데다가 여기서 뺄 살이 얼마나 더 있을까라는 생각으로 살아온 나는 평소 69kg 정도를 유지하는 체중에서 강제로 6kg을 빼내기로 했다. 목표를 정하자 언뜻 달성이 불가능할 것도 같고 가능할 것도 같은 딱 애매모호한 그 정도의 거리감이 느껴졌다. 아침 달리기 50분-휴식-아침 식사(두부 140g)-휴식-점심 식사(밥 반 공기, 계란 한 알, 김 한 봉)-휴식-간식(초콜릿 바 한 개)-체육관 훈련 2시간-저녁 식사(사과 혹은 복숭아 한 개)-취침으로 이어지며 쳇바퀴 도는 지극히 단조로운 하루 일과가 반복됐다.

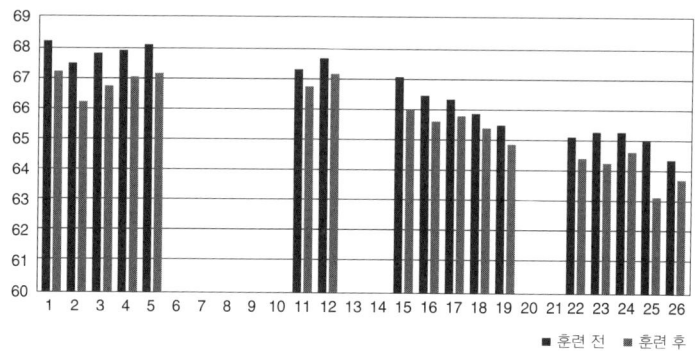

〈프로 테스트를 위한 체중 감량〉

위의 도표는 (추석 연휴 기간과 주말을 제외한) 9월 한 달 동안의 체중 변화에 대한 기록이다. 보통 체육관에서 훈련을 마치면 1-2kg 정도의 체중이 땀으로 빠져나가 줄어드는데 이는 그만큼 물을 마시면 회복되는 일시적 현상이다. 그렇기 때문에 감량을 위한 유일한 방법은 식사량을 줄이는 것이다. 운동량을 유지한 상태에서 식사량을 줄여버리니 정말 신기하고 정직하게도 체중은 줄었다. 그런데 또 너무나 당연하게도 생활 체력 역시 그만큼 줄었다. 체중 감량 과정에서 절실하게 느낄 수 있었던 것 중 한 가지는 생활 체력과 운동 체력이 완전히 구분된다는 것인데, 아침 달리기와 저녁 체육관 훈련을 위해 사용할 에너지만을 남겨두기 위해 몸은 점점 생활 체력을 줄이려 애쓰는 듯했다. 훈련보다 쉬는 게 더 중요하다는 관장님의 가르침이 하루하루 몸으로 와 닿았다. 휴식은 그냥 아무 것도 안 하고 가만히 있는 것 그 자체. 그런데 원하지 않더라도 점점 아무것도 안 하고 가만히 있을 수밖에 없게 된다. 체중이 줄어들면 줄어들수록 움직일 힘도 생각할 힘도 없어진다. 그때 그 시절 배고픈 소크라테스는 아직 배가 덜 고팠기 때문에 사변을 풀 수 있었음에 틀림없다.

순간적으로 힘을 모아 몸을 격렬하게 치고받고 싸우는 권투의 특성상 조금만 훈련을 과하게 하거나 잘못된 동작을 취할 경우 몸의 어딘가에 국소적인 통증이 발생하기 마련이다. 그리고 통증은 매우 다양한 부위에서 발생한다. 발바닥 어디, 손목 어디, 허벅지 안쪽 어디, 허리와 엉덩이 사이 어디, 목에서 어깨로 이어지는 어디 어디 어디…. 사람의 몸에 이렇게나 다양한 통증의 지점이 있었다니! 통증을 경험하는 일은 그 동안의 무관심에 새삼스런 미안함을 느끼며 몸 구석구석에 대해 자세히 알아가는 과정이라고도 할 수 있다. 그런데 훈련의 목표는 체중을 빼는 것만이 아니라 누군가와 실제로 싸움을 벌이는 것이다. 그렇기 때문에 휴식의 가장 중요한 임무 중 하나는 그때그때 발생하는 고통을 바로바로 완화하기 위한 스트레칭과 마사지이다. 체육관에서 훈련을 마치고 집으로 돌아와 잠이 들기 전까지는 계속 "아프지 마라 아프지 마라" 주문을 외우며 아픈 부위를 문지르고 주무르고 어르고 달래고 그러다 잠이 든다. 이는 마치 대상화된 몸과 내가 계속 대화하고 서로의 오해를 풀어나가며 이해하고 공감하는 과정과도 같다. 무턱대고 조른다고 해서 혹은 윽박지른다고 해서 해결될 상황이 아니다. 제발 아프지 말아달라고 온 마음을 다해 어르고 달래는 이유는 믿을 것이라곤 이 몸뚱어리 하나뿐이기 때문이다. 몸이 아파버리면 그날의 경기에서 좋은 활약을 기대하기 힘들 것이 너무나 자명하지 않은가.

드디어 체중이 64kg대로 진입해 목표인 63kg에 다다를 즈음이 되자 몸이 묶일 만큼 묶인 것 같은 오묘한 느낌이 찾아왔다. 그리고 이때 물 한 모금이 5g이라는 객관적 사실도 알게 되었다. 하루하루 체중계에 올라가 고작 5g의 수치에 예민해지는 과정은 결코 호락호락하지 않다. 훈련은 해야 하고 먹지 않으니 힘은 없고 그런데 당일에는 누군가와 싸워야 하고 훈련을 게을리하면 힘 한번 못 써보고 맞기만 하다 내려올 것 같고 그런데 체중은 줄여야 하고 또 훈련을 많이 하면 몸이 아프고…. 고통과 불안이 하루 종일 서로의 꼬리를 물고 돌고 돌고 또 돈다. 그럼에도 불구하고 체중계에 올라가 순조로운 감량의 과정을 확인할 때면 일시적인 안도감이 찾아온다. 수량화된 체중을 근거로 미세하게 요동치는 불안감과 안도감의 교차는 목표 체중에 가까워질수록 무념무상의 한 점으로 수렴된다. 프로 테스트를 이틀 앞둔 9월 25일 체육관에서 훈련을 마친 후 처음으로 63.1kg의 수치를 확인한 순간의 뿌듯함과 짜릿함. 거울로 확인한 바싹 마른 몸에는 기름기 하나 없이 헝그리 정신만 가득 남아 있었다.

계체량을 마친 순간부터 실질적으로 경기가 시작되는 것과 다름없다. 그렇기 때문에 다음 날 경기까지 남은 하루는 선수들에게 가장 중요한 기간이다. 경기를 위한 훈련은 이미 끝났고 체중 감량이라는 목표도 성공적으로 달성했다. 이제부터 필요한 것은 내일의 경기에서 무엇을 어떻게 해야 할지를 냉철하게 생각하며 평온한 마음 상태를 유지하는 것이다. 이는 마치 자기에게 완전히 순종하는 수도승의 몰두와도 같다. 예를 들어 역사적으로 가장 성공한 프로 권투 선수 중 하나인 록키 마르시아노(Rocky Marciano)는 경기를 앞두고 최소 세 달 전부터 바깥 세계로부터 스스로를 고립시키고 열흘 전부터 모든 연락을 차단할 뿐만 아니라 일주일 전부터는 타인과의 그 어떤 신체 접촉도 하지 않으며 '상대방과 싸울 나'에만 몰두했다고 한다(Oates, 2006: 28-29). 상황이 이러한데 하물며 경기를 하루 앞둔 시점에서의 몰입과 긴장은 무엇을 상상하든 그 이상일 것임에 틀림없지 않은가? 특히 세계 챔피언전 같은 중요한 경기에서 그 강도는 매우 높아지기 때문에 트레이너(희생 집전자)는 선수와 그 상황을 공유하며 선수의 안정을 돕는다. 물론 내가 직접 경험한 체중 감량의 사례에서, 나는 프로 테스트라는 다소 낮은 강도[31]의 경기를 준비했기 때문에 트레이너(관장님)의 세심한 돌봄까지 경험할 수는 없었다. 하지만 그 과정이 적어도 프로 권투 선수의 체중 감량이라는 고행에 담겨 있는 의미에 대해 다음과 같이 말해보는 것을 정당화하기에 부족한 경험은 결코 아니었다. 권투 선수의 체중 감량은 의식을 앞둔 희생 주체가 자신의 "유기적 생명체를 무생물 상태로 인도"(프로이트, 1997: 131)하기 위해 그리고 곧 파괴될 대상인 희생 제물이 되기 위해 스스로의 몸을 묶을 수 있는 한 최대로 묶는 것이다.

3) KO

관장님   권투는 열 번 판정으로 이기는 거보다 다섯 번 KO로 이기는 게 더 진급이 빨라. 6회전 선수가 되고 8회

---

[31] 관장님은 만약 내가 진심으로 권투경기에 임하는 전업 프로 선수였다면 두 체급 정도는 더 낮춰도 좋을 것이라고 했다(무려 5kg을 더 감량해야 한다는 생각만 해도 당장 물을 못 마실 생각에 목이 말라온다). 또한 4회전 경기를 뛰는 수준의 선수들에게는 경기를 앞두고 너무 많은 것을 지시하지도 않는다고 했다. 즉 상대적으로 낮은 강도의 경기를 위한 체중 감량의 과정은 선수가 알아서 책임질 일인 것이다. 그 과정을 스스로 잘 견뎌낼 수 있는 자질의 선수들만이 고르고 골라져서 트레이너로부터 높은 강도의 훈련과 세심한 관리를 받을 수 있다.

전 선수가 되고 KO승을 해야 빨라. 저 선수 잘하는데 KO율이 낮다 그러면 그게 또 시합이 잘 안 잡힌다고…. 또 관중들이 돈을 주고 올 때는 KO로 이기는 파이팅 넘치는 시합을 보러 오기 때문에 그게 빠른 거야. 너 같아도 질질 끌면서 싸우면 뭐 재미있다고 돈 주고 보러 오겠니?

김챔프   가능하면 KO로 이기려고 하죠. 그런데 또 그게 쉬운 건 아니니까. KO 시키려고 안으로 파고 들어가면 저도 그만큼 위험한 거고, 타이밍이 딱 맞았다 싶어도 상대방이 피하고 끌어안고 막 그러니까. 그래도 KO로 이겼을 때가 확실히 좋기는 해요, 관중들도 좋아하고. 그리고 그렇게 빨리 끝내야 서로 덜 다쳐요.

관장님   지더라도 KO로 한 방에 지는 게 깔끔해. 그래야 덜 다치고. 괜히 피 터지게 싸우면서 판정까지 가면 코피 터지고 눈탱이 이만해지고 선수 본인들한테도 좋을 게 하나도 없어. 그래서 연습할 때 정확하게 딱! 정확하게 치는 연습을 해야 된다 이거야. 맞는 것도 마찬가지야. 요령이 있어야지. 뭐 물론 최선은 안 맞는 거지만 안 맞고 권투 할 수는 없잖아? 그러니까 맞을 때도 안 다치게 잘 맞아야 돼.

프로 권투는 상대를 "KO(knockout)"시켜 단번에 쓰러뜨리는 것을 목적으로 하는 스포츠이다(Oates, 2006: 49). 부연하자면 '아마추어'에 대비되는 '프로'가 '취미'에 대비되는 '직업'을 지칭할 목적으로 사용되는 여타의 스포츠와 달리, 아마추어 권투와 프로 권투는 규칙이 유사할 뿐 엄밀히 말해 서로 다른 종목이라고 할 수 있다. 올림픽을 지향하는 아마추어 권투가 (점수를 획득하는 것을 목적으로 하고 모든 경기가 3회전으로 진행되기 때문에) 민첩함과 순발력을 바탕으로 얼마나 빠르게 많은 주먹을 낼 수 있는가에 초점이 맞춰진다면, 세계 챔피언을 지향하는 프로 권투는 (KO로 상대를 쓰러뜨리는 것을 목적으로 하고 세계 챔피언전의 경우 12회전으로 진행되기 때문에) 인내심과 지구력을 바탕으로 얼마나 무겁고 센 주먹을 정확히 낼 수 있는가에 초점이 맞춰진다(Wacquant, 2004: 52). 이러한 아마추어와 프로의 차이에 대해 거인체육관의 관장님은 다음과 같이 설명한다. "권투는 다 똑같애. 위에 런닝구 하나 입으면 아마추어고 런닝구 벗으면 프로야. 그런데 그 런닝구 하나 입고 안 입고 차이가 엄청나. 원시적인 거고 내가 생각할 때는 피부 맞대고 둘 중에 하나 죽는 거지. KO로 죽이는 거야…. 런닝구 하나 입으면 푸근하지. 벗고 안 벗고는 링에서 엄청난 차이다 이거지."어떠한 견해를 따르든 결국 KO가 없는 프로 권투는 상상할 수 없고 물론 존재하지도 않는다.

모든 인간은 관자놀이, 턱, 갈비뼈 바로 아래 등의 급소를 정확히 가격당하면 순간적으로 의식을 잃거나 의식이 있더라도 몸을 움직일 수 없게 된다. 프로 권투 선수는 상대방의 바로 이 급소에 체중이 완벽히 실린 주먹 한 방을 정확히 꽂아 넣음으로써 KO로 승리하기 위해 분투한다. 왜냐하면 프로 권투 선수에게 요구되는 것은 단순히 경기에서 승리하는 것만이 아니라 KO의 순간에만 목격할 수 있는 스펙터클을 만들어내는 것이기도 하기 때문이다. 그것은 관중이 원하는 것이기도 하고 권투 관계자가 원하는 것이기도 하며 선수 본인이 원하는 것이기도 하다. 그렇다면 프로 권투라는 세계에서는 왜 KO의 스펙터클이 요구되는 것일까?

질문에 대한 답을 찾기 위해 다시 희생 제의에 관한 논의로 돌아가보자. "입장-제물(이 겪는 변화)-퇴장"의 세 단계로 도식화되는 희생 제의의 형식에서 '제물이 겪는 변화'는 희생 제의의 모든 활동이 하나로 조직되고 집중되는 가장 엄숙한 단계이다(Hubert & Mauss, 1964: 29-33). 실제 경기에서 선수는 장내 아나운서로부터 호명되어 링 위에 오른 후, 트레이너에 의해 입고 있던 가운이 벗겨져 상반신이 드러나고 입에는 마우스피스가 물려지고 얼굴과 몸에는 바셀린이 발려지면서

〈파괴의 주먹〉 연합뉴스 2004년 12월 19일 ⓒ연합뉴스

링 위에 홀로 남겨질 마지막 준비를 마친다. 즉 세속의 세계와 성스러움의 세계 사이의 소통을 위한 매개물로서의 제물이 최종의 신성화 의례를 거침으로써 성스러움이 가장 강력하게 응축된 "성스러움의 기호"가 되는 것이다(Hubert & Mauss, 1964: 30-31; 이창익, 2004: 60). 다른 것들로부터 완벽하게 분리된 채 희생 주체와 일체화된 희생 제물로서의 권투 선수. 모두가 숨죽이고, 이제 임박한 것은 그동안 꽁꽁 묶어두었던 성스러움을 반대쪽 코너에 역시 홀로 남겨진 또 다른 희생 제물과 함께 뒤섞여 일거에 풀어버릴 절정의 순간이다. 땡 하고 공이

울리면 양쪽 코너의 희생 주체-제물들은 서로가 서로를 파괴시키고 서로가 서로에 의해 파괴되기 위해 서로가 서로를 향해 달려들어 주먹을 던진다.

파괴의 행위를 통해 희생 제의의 본질적 행위는 비로소 완성된다(Hubert & Mauss, 1964: 35). 제물은 파괴됨으로써 세속의 세계로부터 최종적으로 분리되고 제물에 꽁꽁 묶여 있던 성스러움은 파괴에 의해 풀려나 일부는 신성한 세계로 일부는 세속의 세계로 퍼져나간다(Hubert & Mauss, 1964: 45; 오명석, 2010: 27). 즉 희생 제의는 성스러움을 묶어내는 데에만 목적을 두는 것이 아니라 그것을 풀어내는 데에도 목적을 두는 것이다. 그리고 이 과정에서 매우 간절히 염원되는 것은 파괴(풀기)의 신속함이다(Hubert & Mauss, 1964: 34). 왜냐하면 "입장"의 단계에서부터 서서히 묶여오던 성스러움이 "입장" 이후 "제물"의 단계에서 더욱 강하게 조여져 그 강도가 극대화된 순간, 바로 그 극댓값의 순간에 단번에 파괴되어야만 그동안 묶였던 성스러움이 최대한 널리 전파될 수 있기 때문이다. 성스러운 기호의 완전한 해체. 희생 주체이자 희생 제물인 프로 권투 선수는 몸의 파괴를 통해 희생 주체와 희생 제물, 나와 상대 선수, 성스러움의 세계와 세속의 세계, 그 모든 것의 합일을 일거에 경험할 수 있다. 모든 경계가 허물어져 하나가 되는 순간. KO.

IV. 첫 번째 쉬는 시간: 꿈과 현실 사이

"땡!"하고 울리는 공 소리는 프로 권투라는 세계 안에서 발생하는 모든 묶기와 풀기의 시작과 끝을 지시한다. 생명의 출현을 알리는 땡과 그것의 소멸을 알리는 땡 사이를 오고 가며 삶과 죽음은 서로를 끌어안고 공명한다. 세계 챔피언이라는 꿈은 이러한 반복이 구성하는 삶의 리듬 안에서 조금씩, 조금씩 현실과의 거리를 좁혀나간다. 하지만 그 거리가 여전히 멀게만 느껴지는 이유는 무엇일까? 프로 권투의 작동 원리에 실마리가 있지는 않을까?

축구, 야구, 농구, 배구 등 일정한 기간 동안 리그 방식으로 진행되는 여타의 프로스포츠와 달리, 프로 권투의 경우 선수를 관리하는 매니저와 경기를 주최하는 프로모터 그리고 그 경기를 후원하는 후원자 사이의 다자간 계약이 성립될 때 비로소 하나의 경기가 개최된다. 다시 말해 링에 올라 직접 몸을 맞부닥뜨릴 두 명의 권투 선수 이외에도, 아니 오히려 그보다 더, 각각의 선수를 관리하는 매니저들과 이 관계적 상황을 조정하는 프로모터 그리고 소위 '돈줄'인 후원자 등 다양한 행위자 사이의 이해관계의 합이 맞을 때에 비로소 하나의 커다란 놀음판이 벌어진다고 할 수 있다. 그렇기 때문에 매우 활발하게 활동하는 프로 권투 선수라고 해도 한 해 동안 치를 수 있는 경기 수는 많아야 두 개 혹은 세 개에 불과하고, 그나마 몇 번이라도 꾸준히 경기를 치를 수 있는 선수는 이미 선택된 유명한 소수로 한정될 수밖에 없다. 예를 들어 현역 최고의 대전료를 받는 메이웨더는 2012년에 한 번, 2013년에 두 번, 2014년에 두 번의 경기를 치렀을 뿐이고 거인체육관 소속의 한 프로 권투 선수는 2001년 첫 데뷔전을 치른 이후 2012년까지 총 스무 번의 경기를 치렀을 뿐이다. 현실적으로 대부분의 프로 권투 선수는 당장 다음 경기가 언제 있을지 전혀 알 수 없는 상태에서 그럼에도 불구하고 트레이너와 함께 끊임없이 같은 동작을 반복 훈련하며 미래에 혹시나 벌어질 심층 놀이의 한판을 그저 기다린다. 꿈과 현실 사이의 거리감을 규정하는 것은 다른 그 무엇도 아닌 기다림이라는 형식 그 자체이다.

콧털   세계 챔피언 되기가 힘들잖아요?
관장님   그럼, 하늘의 별 따기야. 그리고 오래 걸린다고. 권투가 그래서 힘들어. 다른 분야도 마찬가지겠지만 특히 이 권투는 아무나 할 수 있는 종목이 아니야. 챔피언은 고사하고 링 위에서 폼이라도 잡아볼래 봐라. 그것도 엄청 힘들어.

콧털 그러면 선수 길러내실 때 선수들 성격도 중요하게 보시겠어요?

관장님 성격도 중요하지. 재질이 있고 머리가 뜬 애들은 오래 못 견뎌. 버텨내질 못해. 너무 머리가 빨리 돌아…. 아이고 올라갈 게 하늘이다 그러면 안 올라가. 그렇지만 아닐 것 같은 놈인데 허벌나게 열심히 하는 그런 애들은 오래 기다리고 있어. 그런 애들은 성공해.

콧털 그러니까 잔머리가 좋은 사람은 내가 얼마만큼 하면 될 것 같은지 계산이 서니까….

관장님 "이거 어디 가서 일해도 얼만데…" 그러다가 그런 계통으로 간다 이거지.

콧털 그렇게 빠져나간 친구들 엄청 많겠네요.

관장님 많아.

콧털 결국 오래 기다릴 줄 아는 사람들이….

관장님 그럼. 끝을 봐야지. 뭐라도 볼라치면 끝까지 가야 되는데, 끝까지 안 가는데 어떻게 정상에 서. 못 서지.

콧털 이게 예전이나 지금이나 무조건 엄청 오래 기다려야 되는 거잖아요?

관장님   그럼. 한 10년 이상은 보통 기다려야 돼. 배우고 뭐 하고 10년을…. 그러니까 우리나라의 세계 챔피언들을 보면 거의 다 비슷해 성격들이. 우직하고 기다리고 하는 게 비슷해. 약고 뭐 하고 이문 당기고… 아이… 뭐 이런 애들은 못하거든.

콧털   그렇죠… 쉽게 되는 게 없으니까.

관장님   쉬운 게 없지. 그리고 그 안에는 또 시합 나가서 실패도 맛보고 그걸 딛고 일어나서 자꾸 해야지 세계 챔피언이 된다 이거야. 전승의 챔피언도 있을 수가 있어 뭐 15전 전승이다 17전 전승이다…. 근데 걔네들은 한 번 지면 일어나질 못해. 그렇지만 초창기에 져보고 이겨보고 KO도 당해보고 눈도 다쳐보고 이런 애들은 져도 그걸 딛고 일어난다고.

콧털   안 져보다 지면 확 기분 나빠가지고 그런 거겠죠?

관장님   그럼. 아이씨 뭐 딴 거나… 이러는 거지. 그렇기 때문에 우리나라도 그렇고 세계적으로도 그런 선수들, 아깝게 관둔 애들이 굉장히 많아. 그걸 우리 권투계에서 뭐라 그러냐, 온실 속에서 선수를 키운다 그래. 오냐오냐 키우는 거지. 맨날 이기기만 하다가 온실 바깥으로 나가서 KO 한 번 당하면 얘네들은 딛고 일어나지를 못해. 우리 체육관에서도 17전 전승에 동양 챔피언 하던 놈 하나가 그랬어. 딱 지고 나니까… 그냥 그 1패로 은퇴야.

일찍이 사뮈엘 베케트는 인간 삶의 본질을 기다림이라는 형식으로 포착해낸 바 있다. 만난 적도 없고 누구인지도 모르는 "고도를 (버드나무 옆에서) 기다리며" 블라디미르와 에스트라공은 끊임없이 대화하고 사랑하고 다투며 서로의 존재를 확인한다(베케트, 2004). 베케트의 세계에서 사람들은 "내 눈으로 보아도 누군지 모를"(베케트, 2004: 33) 고도에게 매인 채(베케트, 2004: 29) 그저 기다리기만 하는 일에 익숙해져 있는(베케트, 2004: 60) 불안한 존재자들이다. 그렇기 때문에 고도가 찾아오지 않을 현실을 마주하는 것은 목을 매달고 싶을 정도로 절망적이고(베케트, 2004: 165), 기약 없는 기다림은 결과적으로 "지루한 하루"(베케트, 2004: 97)의 반복일 뿐이다. 하지만 이 무서운 혼란 가운데에서도 확실한 한 가지는 그들은 여전히 고도가 오기를 기다리고 있다는 것이고(베케트, 2004: 137), 그럼에도 불구하고 지루함을 달래기 위해 오락거리로 장화를 신고 벗으며 기분 전환을 한다는 것이다(베케트, 2004: 116). 잎이 네다섯 달린 버드나무가 매 순간 하나도 같지 않은 고름을 흘려 내보내는 (어제와 달라진) 오늘의 여기에서(베케트, 2004: 100), 돌아섰다가 멀리 떨어졌다가 다시 돌아섰다가 또다시 서로 맞대어 서기를 반복하고 움직이는 일과 고양시키는 일과 온몸을 늘이는 일과 따뜻하게 끌어올리고 차분하게 가라앉히는 일을 반복하는 두 사람에게, 기약 없는 기다림이란 비록 결과적으로 지루한 하루일지라도 과정적으로는 똑같은 행위의 반복이 만들어내는 새로운 차원의 리듬일지도 모른다. 그리고 이를 예증하기라도 하듯 에스트라공과 한껏 붙었다 떨어지기를 반복한 후 블라디미르는 침묵과 침묵 사이에 다음과 같은 외침을 슬쩍 밀어 넣는다. "사람이 재미있을 때면 시간도 빨리 가지!"(베케트, 2004: 130)

도래할 고도와 그러지 않는 고도 사이의 거리감을 규정하는 기다림은 결국 지루한 하루 속에 흩어져 있는 온갖 재미의 연결과 덧대어짐에 의해 구성된다. 그리고 세계 챔피언을 꿈꾸는 현실의 프로 권투 선수와 트레이너가 유비적으로 고도를 기다리는 사람들이라는 점을 고려할 때, 세계 챔피언이라는 꿈과 체육관이라는 현실 사이에서 느껴지는 커다란 거리감은 기다림의 당사자인 그들이 체육관 안에서 흘리는 땀방울과 땀방울로, 바꿔 말해 기약 없이 반복되는 하루하루의 훈련 속에서 발생하는 구체적인 감각들로 가득 채워진다. 그렇기 때문에 꿈과 현실 사이의 거리감에 대해 무엇인가 더 말하거나 지금까지와는 다른 말을 해보기 위해서는 다시 체육관 안으로 돌아가 사람들과 몸으로 부대끼며 흐르는 땀방울들을 채취해야 한다. 사람이 재미있을 때면 시간도 빨리 가기 마련이다.

V. 비록 세계 챔피언이 아닐지라도[32]

　　거인체육관은 거인구락부 시절부터 프로 권투 선수 양성을 일차 목표로 해온 정통 권투 체육관이다. 이유 여하를 막론하고 세계 챔피언의 꿈을 가슴에 새긴 젊은이가 영등포로 발길을 향했다면 체육관의 문은 언제나 그에게 열려 있다. 그러나 권투를 향한 원대한 열정은커녕 권투에 대한 일말의 관심도 가지고 있지 않은 채 그냥 지나가다 신기해서 들르려는 문외한에게도 체육관의 문은 언제나 똑같이 열려 있다. 열정의 양과 질을 떠나서 한 달에 9만 원의 회비를 낸 사람이라면 남녀노소 누구나 평등하게 체육관의 열린 문을 여닫으며 자유롭게 체육관에 드나들 수 있다.

---

[32] 이 장은 연구 논문의 형식으로 다시 쓰여『비교문화연구』제23집 1호에 수록되었다(홍성훈, 2017).

⟨거인체육관으로⟩ ⓒ2014 홍성훈

    권투 체육관에 프로 권투 선수와 일반인이 혼재하는 상황은 조금만 생각해보면 당연하다. 왜냐하면 태어날 때부터 프로 권투 선수인 사람은 없기 때문이다. 일반인은 권투 체육관에서 길러짐으로써 프로 권투 선수로 새로 태어나고 다시 그곳에서 프로답게 계속 길러진다. 그러나 이 상황은 조금만 다르게 생각해보면 당연하지 않다. 왜냐하면 여타의 프로스포츠들(혹은 올림픽을 지향하는 스포츠들)은 선수단이라는 조직 아래 감독을 비롯한 운영진을 구성해 지휘권을 위임하고 드래프트와 같은 제도를 통해 선수를 선발해 팀을 꾸리기 때문이다. 이 경우 그동안 어떤 특정한 방식의 훈련을 받아온 선수는 새로운 환경으로 이동되고 격리되어 이전과는 다른 새로운 방식의 훈련을 받게 된다. 전자의 궤적이 권투라는 세계 안에서 문외한부터 세계 챔피언에 이르는 다양한 수준의 사람들 사이의 일상적 마주침을 강제한다면, 후자의 궤적은 특정 스포츠의 세계 안에서 일정한 기준에 의해 선발된 사람들과 그렇지 않은 사람들 사이의 일상적 마주침의 기회를 제거한다. 전자의 궤적을 연속스펙트럼에 비유한다면 후자의 궤적은 불연속스펙트럼 혹은 도약에 비유할 수 있다.

콧털   체육관에 일반인이 섞여 있잖아요?

관장님   옛날에도 그랬어. 취미로 들어왔다가도 권투에 매료돼서 세계 챔피언 하는 경우도 있어. 죽일라 그러는 살인사만 있는 데서 무슨 재미가 있겠어? 웃음이 있겠어? 그렇지만 그 안에 다른 놈이 껴 있음으로 해서 그놈 때문에 웃기도 하고 또 그놈이 어려운 애 도와줄 수도 있는 거고 그놈이 또 열심히 해서 세계 챔피언 될 수 있는 거다 이거지…. 그리고 선수만 기르면 체육관 운영하기가 어려워. 일반인들이 많아야지…. 일단은 세계 챔피언 나오려면 체육관을 오랫동안 지속해야 뭐라도 나오는 거 아니야. 그런 경제적인 저거도 있고.
콧털 　그러면 일반인이건 뭐건 사람이 많아야….
관장님 　그럼. 선수 열 명에서 한 명 꺼내는 것보다 백 명에서 한 명 꺼내는 게 쉽잖아.

　오늘 체육관에 발을 들인 풋내기 중학생부터 숙련된 현재진행형의 권투 선수를 비롯해 한물간 전설의 주먹까지 함께 뒤섞일 수 있는 시공간성은 비단 거인체육관만의 특성이 아니라 (관장님의 증언에 따르면) 한국 권투계를 구성하는 거의 모든 권투 체육관의 오랜 특성이다. 이는 아마 만국 공통의 특성일 것으로 예상되는데, 왜냐하면 시카고의 한 권투 체육관(Wacquant, 2004: 48-49, 143)과 텍사스의 또 다른 권투 체육관(Wiseman, 2010)에서도 똑같은 양상을 어렵지 않게 확인할 수 있기 때문이다. 그러나 구조적으로 강제되는 일상적 마주침은 역설적으로 권투 체육관의 구성원들이 기존과는 다른 방식으로 분화되는 원인으로 작용하기도 한다. 즉 풋내기인지, 현재형인지, 전설인지의 여부와 상관없이 그들 각자가 지향하는 바의 차이와 동일성의 역동적 관계에 따라 어떤 사람들은 '선수반'으로 또 다른 어떤 사람들은 '취미반'으로 다시 분화되는 것이다(황익주, 2008: 109). 만약 그렇다면 여기에 하나의 물음을 추가해볼 수 있을 것이다. 과연 이 취미반도 거인체육관에서 세계 챔피언을 꿈꾸며 그저 기다린다고 할 수 있을까? 비록 세계 챔피언이 아닐지라도 권투를 배우는 과정 혹은 권투를 체험하는 과정 그 자체에서 오히려 특별한 무언가를 경험하는 것은 아닐까?[33]

1. 입문

체육관은 단순히 땀 흘리며 운동하는 장소이기 이전에 몸을 단련하는 장소이다. 대장장이가 대장간에서 쇠를 달구어 쓸모 있는 쇠-도구를 만들어낸다면, 권투 선수는 권투 체육관에서 스스로의 몸을 달구어 쓸모 있는 몸-도구/무기를 만들어낸다(Wacquant, 2004: 14). 또한 체육관은 몸 기술을 교육

---

[33] 설령 거인체육관에서 권투를 하는 모든 사람의 행위를 일종의 기다림 혹은 세계 챔피언에 대한 지향으로 포착한다고 할지라도 그 기다림의 구체적 양상에 대해 기술하는 것, 다시 말해 고도에게 매인 채 그저 기다리기만 하는 일에 익숙해져 있는 사람들이 지루함을 달래기 위해 오락거리로 장화를 신고 벗는 행위 그 자체에 대해 두텁게 기술하는 것은 거인체육관에서 권투를 하는 사람들에 대한 보다 원초적인 물음인 "그들은 왜 권투를 하는가?"에 대한 충실한 대답이 될 수 있다. 그리고 이 상황에서 그들이 과연 "심층 놀이를 기다리는가?" 혹은 "세계 챔피언을 꿈꾸는가?"의 여부는 그다지 중요하지 않은 것이 된다.

하는 장소이기도 하다. 대학생이 대학교에서 독서와 토론을 통해 사유의 기술을 학습한다면, 권투 선수는 권투 체육관에서 섀도복싱과 스파링을 통해 몸의 기술을 학습한다. 바꿔 말해 권투 선수는 권투 체육관에서 스스로의 몸을 도구화하고 그 도구를 잘 사용하기 위한 기술을 교육받고 연마한다.

"몸은 인간에게 있어 그 무엇보다 가장 자연스러운 도구이자 기술[34]적 대상"이라는 모스의 주장(Mauss, 1973: 75)을 뒷받침할 근거의 사례를 찾기에 권투 체육관은 더할 나위 없이 적절한 장소이다. 왜냐하면 그곳에서는 언제나 공개적으로 몸의 교육과 몸의 연마가 전시되기 때문이다. 각각의 사회가 (독특한 걸음걸이로 예시되는) 저마다 특별한 몸의 기술들을 가지고 있듯이(Mauss, 1973: 71-72) 거인체육관이라는 사회 역시 그곳만의 특별한 몸의 기술들을 가지고 있고 그 몸의 기술들

---

[34] 여기서 번역어로 선택한 "기술"의 원어는 "technique"이다. 인류학자 마르셀 모스는 인간이 경험하는 모든 신비스러운 상태의 기저에 존재하는 몸에 관련된 사실들을 포착하기 위해 "테크닉스 오브 더 바디(techniques of the body)"라는 생각을 이론적으로 구체화한다(Mauss, 1973). 보다 자세히 말해 이때의 "테크닉스(techniques)"는 하나의 총체로서 연결된 '생물학적-심리적-사회적 몸'이 조직되고 사용되는 방식을 지시하기 위한 모스만의 개념어라고 할 수 있다(Mauss, 1973: 73-75). 특히 그가 단수로서 "테크닉(the technique)"이 아니라 복수로서 "테크닉스(techniques)"를 선택한 이유는 몸에서 몸으로 자연스럽게 전수되는 사회성/연결성을 강조하기 위해서이다(Mauss, 1973: 70).

은 자연스럽게 혹은 의도적으로 몸에서 몸으로 전수된다. 만약 누군가가 이 작은 사회에만 존재하는 몸의 도구화와 몸 기술의 습득을 직접 경험하고 싶다면 앞뒤 가릴 것 없이 우선 그곳에 발을 들이면 된다. 자격 조건은 간단하다. 9만 원. 한 달에 9만 원의 회비를 낸 사람이라면 누구나, 누구나 일단 입문 가능하다.

1) 동작에의 입문

거인체육관에서 가르치는 권투의 기본기는 "하나-둘"[35]이다. 거인체육관에 입문한다는 것은 바로 이 하나-둘의 몸 동작에 입문한다는 것을 의미한다. 그리고 그것은 내가 거인체육관이라는 사회에 발을 들이기 이전부터 이미 존재해오던 독특한 몸의 기술들에 나의 몸을 연결하는 것과 같다. 즉 체육관에 입문한다는 것은 몸을 매개로 새로운 사회적 관계를 개

---

35 선수를 지망하는 초심자라면 적어도 1년은 꾹 참고 이 하나-둘만을 연마해야 한다. 이 동작에 대한 거인체육관 소속 선수의 회고는 거인체육관만의 독특한 몸의 기술 중 하나가 바로 이 하나-둘임을 예증한다. "평범한 애벌레인 것만 같던 나에게도 서서히 날개가 돋아나고 있었다. 8개월 가까이 나는 줄기차게 기본기만 익혔다. 그동안 관장님이 내게 한 말은 '주희 왔니?' 하는 인사와 '하나둘, 하나둘' 구령을 붙여준 것이 전부였다."(김주희, 2011: 39)

시하고자 시도하는 것이다. 하지만 모든 관계의 개시가 언제나 실패의 위험성[36]을 내포할 수밖에 없는 것과 마찬가지로 거인체육관의 몸동작에 입문하는 것 또한 그 자체로서 매우 높은 실패의 위험성을 내포하고 있다. 왜냐하면 오랜 세월 동안 자신도 모르게 몸에 새겨져 축적된 습관을 스스로의 의지로 바꿔나가는 과정이 참으로 고된 작업(Downey, 2005: 131)이기 때문이다. 그럼에도 불구하고 체육관에 입문한다는 것은 고밀도의 물리적/신체적 훈련을 통해 새로운 몸의 습관을 압축적으로 다시 형성해나가야 하는 몸-길들이기의 작업을 개시한다는 것을 의미한다. 이해를 돕기 위해 하나-둘의 느낌을 자세히 기술하고 이에 대한 한 관원의 반응을 확인해보자.

체육관에 처음 들어선 사람에게는 줄넘기가 쥐어진다. 3분 동안 줄넘기. 30초 휴식. 그것을 3회 반복. 줄넘기가 익숙하지 않은 사람에게는 약 10분의 시간이 지옥일 수밖에 없다. 발바닥, 종아리, 허벅지, 허리, 등, 어깨, 팔에 연달아 찾아오는 통증. 더 이상 통증이 생기지 않을 정도의 몸이 만들어져

---

[36] 낯선 사람과의 합석이라는 상황에서 (예를 들어 "말을 걸어야 할지 말아야 할지"와 같은) 사회적 거리와 감지할 수 없는 불안을 포착할 수 있듯이, 모든 교환의 개시에는 개시 자체에 대한 불안과 교환의 실패에 대한 위험 — 전쟁/싸움으로 이어질 수 있는 — 이 내재되어 있다(Lévi-strauss, 1969: 59-60). 즉 개시 자체가 문제적 상황인 것이다.

야 본격적인 입문의 과정에 들어설 수 있다. 줄넘기로 어느 정도 몸을 풀었다면, 이제 양발을 어깨너비 정도로 벌리고 어깨에 힘을 빼고 제자리에서 발뒤꿈치를 들고 무릎을 살짝 구부린 채로 계속 제자리에서 뛴다. 3분 동안. 30초 휴식. 초심자는 4회를 반복하기조차 버겁다. 권투에도 나이가 있다. 입문자는 아직 걸을 수 없는 갓난아기와 같다. 갓난아기가 첫걸음마를 떼기까지 얼마나 많은 시간이 필요한가? 권투의 발 떼기도 마찬가지다. 시간이 흘러 양발이 어깨너비로 고정된 채 지치지 않고 뛸 수 있게 되었다면 정면을 향해 45도 각도로 서서 발뒤꿈치를 들고 무릎을 살짝 구부린 채로 또 계속 제자리에서 뛴다. 같은 동작의 반복. 지겨워도 반복. 어색해도 반복. 어려워도 반복. 몸에 제자리 뛰기의 감각을 새겨 넣기 위해서는 그 동작이 너무나 자연스러워 무감각해질 때까지 반복해야 한다. 시간이 흘러 만약 그 무감각이 자연스러워졌다면 이제 앞뒤로 뛴다. 같은 동작의 반복. 지겨워도 반복. 어색해도 반복. 어려워도 반복. 앞뒤로 반복. 제자리 뛰기는 권투의 기본이다. 진도를 나가보자. 계란 하나 쥔 듯 가볍게 손가락을 말아 주먹을 쥔다. 오른손잡이를 기준으로 왼손은 왼쪽 눈으로부터 한 뼘, 오른손은 오른쪽 광대뼈로부터 주먹 하나. 허공에 잡을 것이라고는 아무것도 없지만 그래도 무어라도 잡고 있다고 생각하자. 그리고 뛴다. 초심자는 단지 두 주먹을 들고 있다는 사실만으로도 어깨가 저려온다. 아니 그보다 그냥 주먹이 팔에 달려 있고 팔이 어깨에 달려 있다는 사실 자체가 고통스럽다. 그래도 참고 뛴다. 아파도 참고 뛴다. 물론 발끝에서도 고통이 올라온다. 그래도 참고 뛴다. 아파도 참고 뛴다. 손에 신경 쓰면 발이 망가지고 발에 신경 쓰면 손이 망가진다. 하지만 시선은 정면. 날카로운 눈빛. 그런데 아프다. 그렇기 때문에 안 아프고 안 망가질 때까지 반복. 역시나 무감각이 자연스러워질 때까지 두 손을 제 위치에 유지하고 제자리에서 뛴다. 등줄기가 저려오고 온몸이 부들거리지만 3분만 견디면 30초를 쉴 수 있다. 여전히 제자리에서 뛰고 있어야 함은 기본 전제이다. 중력이 끌어내리는 두 손을 무중력 상태로 끌어올린다. 거기에 "하나"를 추가. 그리고 "둘"을 추가. 관장님이 불러주는 "하나"의 구령에 맞춰 왼손을 뻗었다 당긴다. 발과 손의 리듬은 일치할 것. "둘"의 구령에 맞춰서는 오른손을 뻗었다 당긴다. 허리 회전에 관한 문제는 차치하자. 어쨌든 발과 손의 리듬은 일치할 것. 물론 일치하지 않는다. 그렇기 때문에 일치할 때까지 또다시 반복.

콧털　처음에 입관하고 어땠어요? 힘들지 않았어요?
빼빼[37]　엄청 힘들었죠. 처음에 한 일주일 동안 다리가 안 움직
　　　이길래 '아, 그거밖에 안 뛰었는데 다리가 왜 안 움직이

지?' 이러면서…. 다리에 알이 배겨서.

콧털 아침에 못 일어나겠죠?

빼빼 움직일 수가 없으니 '오늘 가야 되나? 이걸 그냥 가지 말아버릴까?' 몇 번을 생각하고 그러다가 그래도 '에라 모르겠다' 그러고 계속 나온 거 같아요.

콧털 하하. 그게 처음에는 그렇게 힘들어요. 진짜 힘들어. 그런데 줄넘기는 할 만했어요?

빼빼 처음에 첫날은 할 만했는데 둘째 날부터 다리가 막 아프더라고요.

콧털 그래도 어떻게 계속했네요.

빼빼 말 걸어줬잖아요, 형이. 하하.

콧털 내가요?

빼빼 초반에. 그리고 가끔씩. 주먹 어떻게 하는 거다. 조금조금씩.

콧털 아, 맞다. 지금은 1년 넘었죠?

빼빼 1년 한 2개월 정도. 버틴 게 신기하기도 하고.

콧털 그러게요. 진짜 사람들이 너무 금방 관두니까.

빼빼 진짜 금방 관둬요. 사람이 다 바뀌어. 계속 바뀌더라고요.

---

37   일반 관원, 30대 초반, 체육관 경력 1년여.

콧털   그런데 이해는 되지 않아요?
빼빼   예. 좀 돼요. 지루함이라는 게 좀 있어서. 딱히 힘든 건 좀 지나면 참을 수 있겠는데… 매번 같은 동작만 계속하니까…. 잘 늘지도 않고…. 지루함이 문젠 거 같아요.

  결과적으로 체육관에 들어선 사람들의 대다수는 3개월을 채 채우기도 전에 사라진다. 그리고 이러한 반복적인 상황에 대해 체육관에 발을 들인 지 7년이 넘은 어떤 관원은 "예전에 처음 복싱 시작했을 때 생각해보면, 오래 한 사람들이 별로 반갑게 맞아주지를 않는데 그게 참 섭섭하더라고. 그때는 왜 저러지? 사람들이 무뚝뚝한가? 아니면 무뚝뚝한 사람들만 복싱을 하나? 그랬는데 이제는 내가 그 마음을 알겠어. 반갑게 맞아줘도 조금만 지나면 사라지니까. 그러니까 그때 그 사람들도 날 보고 그냥 그러려니 했겠지"라며 아쉬워했다. 그러나 그 자체로서 힘들고 지루하기 때문에 실패의 위험이 매우 높은 이 입문의 과정을 꾸역꾸역 버텨내고 나면, 그동안 보이지 않았고 또한 볼 수도 없었던, 이미 거인체육관이라는 권투 세계로 몸이 길들여진 체육관 사람들을 하나씩 둘씩 만날 수 있게 된다.

2) 장비에의 입문

"하나-둘"이라는 동작에의 입문이 거인체육관이라는 세계로의 관계를 개시한다면 권투 장비에의 입문은 그 관계가 원활하게 지속되고 있고 그 강도가 세어지고 있음을 시간의 흐름에 따라 표시한다. 불행인지 다행인지 권투라는 스포츠는 오로지 내 몸뚱어리 하나가 전 재산인 탓에 (야구, 골프, 스키 등 고가의 장비가 요구되는 여타의 스포츠와 달리) 권투화, 붕대, 글러브, 마우스피스, 트렁크 정도의 장비면 미래의 세계 챔피언을 꿈꾸기에 전혀 부족함이 없다. 그나마 초심자에게는 권투화, 마우스피스, 트렁크조차 필요 없으니 적어도 가난한 사람이 돈이 없어서 권투를 못하는 경우는 없지 않느냐고 우겨보아도 무방할 것이다. 흔히들 "사회의 밑바닥에 누가 있는지 알고 싶으면 권투를 들여다보면 된다"(Wacquant, 2004: 42)고 하지 않던가.

사람에 따라 다르고 상황에 따라 다르지만 적어도 거인체육관이 지향하는 권투로 몸을 길들이고자 한다면, 그 몇 개 되지 않는 권투 장비들을 몇 개 되지 않는다는 이유로 단번에 갖추기보다는 "이제 권투화 하나 장만해도 될 때"라는 방식으로 호출되는 사회적 시간의 신호에 맞춰 하나씩 하나씩 차례대로 갖추어나가는 것이 바람직하다. 거인체육관에서 "모든 일은 사태가 무르익을 때 비로소 시작"(홀, 2000: 34)되기 마련이다. 때때로 운이 좋으면 사회적 관계를 공식화하는 선물로 장비가 증여되기도 하는데, 권투 선수 되기라는 방법론으로 연구를 진행한 나의 경우, 거인체육관에서 권투를 시작해 기본동작만을 열심히 훈련한 지 7개월이 지날 무렵에야 사태가 무르익었는지 비로소 "이제 권투화 하나 장만해도 될 때"가 되었다. 이 사건을 보다 자세하게 기술하고 해석해보자.

몸-길들이기에 내재하는 실패의 위험성 때문에 어쩔 수 없이 중도에 포기하는 사람이 많은 권투의 특성을 반영하듯 체육관의 신발장에는 주인을 잃어버린 운동화와 권투화가 가득하다. 여느 때와 다름없이 내가 기본 훈련을 마치고 정신 줄을 놓은 채 쉬고 있던 어느 날, 관장님은 신발장에서 나의 발에 맞는 질 좋은 권투화를 하나 골라 선물했다. 이것은 방치되어 있던 하나의 권투화가 관장님의 영혼 또는 영적인 힘이 부여됨으로써 영적 성격을 갖게 된 선물(오명석, 2010: 9)로 탈바꿈되는 순간이었고, 권투화는 관장님의 주술을 통해 권투의 혼이 담긴 특별한 권투화로 거듭나 관장님과 나 사이의 특별한 소통을 가능하게 했다. 즉 관장님은 그 어떤 공식적/직접적 언급도 하지 않은 채 단 하나의 증여를 통해 나를 보다 더 깊은 권투의 세계로 인도할 의사가 있음을 피력한 것이다. 결과적으로 이 증여 사건 이후 나는 훈련에 임하는 자세가 더욱 진지해졌고 관장님은 보다 많은 몸의 가르침을 제공했다. 또한 이 증여 사건을 계기로 관장님과 나는 사회적 페르소나로서 각각 스승과 제자의 역할을 수행하게 된다(오명석, 2010: 30-33). 이와 같은 관장님의 총체적 증여에 대해서 나는 감사하는 마음과 성실한 훈련 태도로써 답례하고, 관장님은 가끔 흐뭇한 미소를 지어 보임으로써 답례에 대한 만족도를 표시한다.

물론 모든 장비에의 입문이 위와 같은 선물 증여[38]의 방식으로 이루어지는 것은 아니다. 그러나 모든 장비에의 입문에는 거인체육관의 구성원들이 암묵적으로 공유하는 적절한 때가 있기 마련이다. 예를 들어 권투화는 발 떼기의 모양새가 잘 잡혀 더 이상 그 발 모양에 일일이 신경을 곤두세우지 않아도 될 때에 갖추면 되고, 마우스피스는 하나-둘의 모양새가 부드럽고 매끈해져 이제 한번 링에 올라가 다른 사람들과 스

---

[38] 관장님은 때때로 성실한 관원들이나 경기를 앞둔 선수들에게 (모종의 방식으로 체육관에 남겨진) 권투화, 글러브, 트렁크 등의 장비를 증여한다. 이는 거인체육관이 단지 한 달에 9만 원을 내면 자유롭게 드나들 수 있는 "제3장소"로 기능하기보다는 스승과 제자의 연을 맺고 권투를 가르치고 배울 수 있는 교육의 장소로 기능하는 것을 드러내는 하나의 증거이다. 다시 말해 관장님은 권투 선수를 육성하는 지도자와 체육관을 운영하는 경제행위의 주체 사이의 애매함 속에서 균형을 유지하되 그럼에도 불구하고 지도자의 역할을 지향한다. 그렇기 때문에 관원들에게 장비를 직접 판매하는 여타의 체육관에 대해 "그게 장사꾼이지 무슨 체육관이냐"며 강하게 비판하고 비난하곤 한다.

파링을 해봐도 될 때에 갖추면 된다. 적절한 때에 맞춰 장비를 하나씩 하나씩 갖춰나가는 절차적 행위는 그 행위자의 몸이 거인체육관의 권투로 서서히 길들여지고 있음을 의미하는 동시에 거인체육관이라는 사회를 구성하는 다양한 몸과 서서히 관계 맺어가고 있음을 의미한다.

특히 실전 격투에서 입안이나 치아를 보호하기 위해 착용하는 마우스피스를 제대로 갖추기 위해서는, 시중에서 판매되는 실리콘 소재의 표준화된 제품을 구입한 후 미리 준비해둔 뜨거운 물에 잠시 담갔다가 건져 올려 역시나 미리 준비해둔 미지근한 물과 차가운 물 사이를 재빠르게 오고 가며 사용자의 치아에 꼭 들어맞게 정형하는 과정이 요구된다. 이처럼 마우스피스는 그것을 처음 접한 사람들에게는 너무나도 낯설고 희한한 물건이라 행여나 혼자서 몰래[39] 정형할 경우 실전 권투에 전혀 적합하지 않은 방식으로 잘못 정형되어 버려버리게 될 경우가 대부분이기 때문에 현장에서 체육관의 선배들이

---

[39] 체육관에는 언제나 관장님의 지도를 외면한 채 자기만의 방식으로 권투를 하는 독학자들이 들어오고 나가고 그들은 혼자서 몰래 정체 모를 장비를 자기만의 방식으로 갖춰나가곤 한다. 이러한 독학자들의 존재가 거인체육관만의 특수한 상황은 아닐 것이라고 예상하지만 그렇다고 그것을 일반화할 방법은 없다. 하지만 분명한 것은 완벽하게 개인 종목으로 특화된 권투가 역설적으로 독학으로 결코 배워나갈 수 없는 종목이라는 점이다.

나 관장님의 조언을 받으며 함께 정형하는 것이 바람직하다.

    결과적으로 체육관에서 마우스피스를 공개적으로 맞추는 상황은 초심자가 거인체육관이라는 사회 안으로 보다 깊게 들어가는 계기가 표시되는 일종의 의례[40]적 상황이다. 보통 "이런 건 나 같은 의사만 할 수 있는 거야"라는 관장님의 농담과 함께 진행되는 마우스피스 만들기의 상황에는 체육관의 이 사람 저 사람이 참견하면서 "내일 경기 나가는 거예요?", "이제 나랑도 스파링 한번 해야겠네?", "저 친구가 반쯤 죽여놓겠다는데요?", "이야, 이제 선수네 선수!" 등의 농담을 던진다. 그렇지 않아도 입에 새로운 이물질을 물고 손으로 만지작거려야 하는 어색함이 만천하에 공개된 초심자는 불룩 튀어나와 원숭이처럼 변해버린 자신의 입을 처음으로 거울로 확인하는 순간 찾아오는 어색함을 또다시 만천하에 공개하며 이 사람 저 사람 할 것 없이 다 같이 웃음을 참지 못하는 의례

---

40 의례를 현대사회의 세속적인 상황, 특히 미시 수준의 일상적 상호작용의 상황에 적용해 논의를 전개하는 어빙 고프먼에 따르면, 개인의 자아는 상호작용 상황에서 형성되고 실현되는 상황적 자아로서 가변성을 지니고, 이 상황적 자아들은 "상호작용 의례"를 통해 사회적 존재로서 형성되고 실현된다(고프먼, 2013: 302). 다시 말해 고프먼의 논의 안에서 보편적인 인간 본성은 내면의 심성이 아니라 밖으로부터 부과된 도덕적 규칙들로 만들어진 일종의 구성물(고프먼, 2013: 55)로서 관계적이라고 할 수 있다.

적 상황의 주인공이 되는 것이다.

2. 섀도복싱: 몸을 길들이다

콧털   섀도복싱이 뭐예요?

관장님   그림자. 섀도복싱이라면 자기 혼자서… 그림자를 벗 삼아서 하는 거기 때문에 뭐냐 거 복습 같은 거야.

콧털   혼자서 하는 복습….

관장님   그렇지. 그러니까 그게 혼자 할 수 있는 개인적인 운동이야. 권투 말고 다른 스포츠에도 다 있어. 자기 혼자 하면서 빨리 습득하기 위해서 하는 방법이고. 그렇게 안 하면 저거지 저, 취미 삼아 하는 거지.

콧털   공부도 그렇죠. 혼자서 복습을 열심히 하는 애들이 잘하죠.

관장님   섀도복싱이 그런 거야. 자기 집에서도 혼자서 하고 체육관에서도 혼자서 하고. 본 연습 외에 안 되는 걸 또 섀도복싱을 통해 고치는 거고 그게 굉장히 중요해. 그건 권투 생활 끝날 때까지 해야 돼. 스스로 노력을 안 하고 선생의 말만 가지고는 턱없이 부족한 거고 그 모든 동작들은 자기가 다 습득을 해야 돼. 그게 안 되면 좋은 선수가 될 수가 없어. 배움이라는 거는 죽을 때까지, 세계 챔피언이 되도 배우는 거기 때문에 섀도복싱은 배우는 과정의 하나야. 세계 챔피언이 되면 안 하나? 아니야 똑같아. 계속하는 거야.

…

콧털   혼자서 그림자 연습하는 게 제일 기본적인 거죠?
관장님   그렇지. 자기 혼자 하는 거에서는.
콧털   그러면 혼자 하는 거 말고는요?
관장님   관장들이 사실 가르치는 게 20이라 그러면은 관장들은 관장들대로 가르치는 게 있어. 스케줄을 잡아준다든가, 잘못된 점을 잡아준다든가, 운동하는 방법을 가르쳐준다든가…. 그렇지만 기술을, 잘못된 거를 하나하나 다 가르칠 수는 없어. 기술도 자기가 습득하는 거시. 안 되는 거를 내가 이렇게 해주랴? 자기가 섀도복싱하면서 노력해서 배우는 거지. 관장도 이렇게 해라 저렇게 해라 가르치긴 하지만 결국에 자기만의 연습 방법을 자기가 만들 줄 알아야 된다 이거야.
콧털   그렇죠. 사람이 원래 다 다르게 생겨먹었으니까요.

    모든 스포츠는 그 종목에 맞는 가장 효율적인 몸동작을 가지고 있기 마련이다. 그리고 어떠한 동작을 가장 완벽한 형태로 정확하게 구현할 것을 요구하는 스포츠와 금지된 특정 동작을 제외한 모든 동작을 자유롭게 사용할 것을 요구하는 스포츠의 양극단 사이에 위치하기 마련이다. 예를 들어 기계체조가 난이도별로 점수화된 동작을 완벽한 형태로 정확하게 구현하는 데 목적을 두는 스포츠라면, 멀리뛰기는 지면에서 발이 떨어진 순간부터 자유롭게 모든 동작을 사용해 멀리 날아가는 데 목적을 두는 스포츠이다. 즉 기계체조의 효율이 정확한 동작의 재현으로 측정된다면 멀리뛰기의 효율은 멀리 뛸 수 있는 동작의 시현으로 측정된다.

이와 같은 이항 대립[41]은 두 명의 선수가 서로의 몸을 맞부딪치며 승패를 가리는 격투기 종목에서도 마찬가지로 적용된다. 예를 들어 가장 완벽한 형식의 동작으로 상대방을 쓰러뜨리는 것을 목적으로 하는 유도(Barthes, 1972: 14)가 한쪽 끝에 자리한다면, 해서는 안 되는 동작을 제외한 모든 방법을 써서 상대를 쓰러뜨리는 것을 목적으로 하는 권투가 또 다른 한쪽

---

[41] 음악의 영역에서 클래식과 재즈의 대립 또한 마찬가지 양상이다. 예를 들어 클래식 전통의 방법으로 훈련을 받은 피아니스트에게는 악보로 기록된 음악을 정확하게 연주해내는 것이 요구되는 데 반해 재즈 전통의 방법으로 훈련을 받은 피아니스트에게는 악보에 의존하기보다는 오히려 그것으로부터 벗어나 스스로의 음악적 영감을 바탕으로 즉흥적으로 연주해내는 것이 요구된다(Wilf, 2010: 571).

끝에 자리한다. 간단하게 정리하면 기계체조와 유도의 동작에는 모두가 합의하는 모범 답안이 있는 데 반해 멀리뛰기와 권투의 동작에는 그것이 없다. 그렇다고 해서 멀리뛰기와 권투에 모범 답안[42]이 전혀 없는 것은 아니다. 다만 그 모범 답안이 미리 정해져 있지 않고 상대적이어서 그 자체가 또 다른 경쟁의 대상이 될 뿐이다. 권투에서 섀도복싱은 자기에게 꼭 맞는 나만의 모범 답안을 만들어가기 위해 몸을 길들이는 가장 기본적인 과정이다.

1) 모방

왕년에[43] 연습 많이 하셨어요?
콧털   예, 열심히 한다고 하긴 했는데…. 이 오른손 뻗었다

---

42   스포츠 과학 분야에서 멀리뛰기 동작의 모범 답안은 뉴턴의 운동방정식에 근거한 물리학적 분석의 과정을 거쳐 제시된다(류재균, 2014). 시작부터 종료의 과정까지 연속되는 동작의 시퀀스를 하나의 사진으로 재현할 수 있는 멀리뛰기의 경우 이러한 방법론적 시도는 일정 부분 정당성을 얻을 수 있다. 그러나 두 사람의 동작이 실시간으로 교차하는 탓에 즉흥성이 강제될 수밖에 없는, 즉 동작의 시퀀스를 하나의 사진으로 재현할 수 없는 권투의 경우 뉴턴의 운동방정식으로 평가하고 예측할 수 없는 즉흥의 요소들이 너무나 많다.

43   전직 선수, 20대 후반, 체육관 경력 15년여.

	가 당길 때 뭔가 어색하지 않아요? 허리 돌리는 걸 너무 의식해서 그런가?
왕년에	허리도 허린데 왼손도 같이 써야 돼요. 항상 같이.
콧털	어떻게, 이렇게요?
왕년에	하하, 잘하네요 뭘…. 저기 저 사람 하는 거 보이죠? 저거 보고 그냥 될 때까지 따라 하세요. 너무 빨리 잘하려고 하진 말고. 이게 사람마다 다르긴 한데, 형은 저 사람 보고 따라 하면 될 거 같아요.

앞서 "동작에의 입문"에서 설명했듯이 거인체육관에서 공식적으로 형식화된 권투의 기본기는 "하나-둘"이다. 그리고 이 하나-둘의 모양과 리듬은 권투의 또 다른 손기술 — 훅, 어퍼컷, 커트, 크로스 등 — 을 구사하기 위한 토대가 된다. 예를 들어 "하나"의 박자에 맞춰 앞으로 뻗었다 당기던 왼손의 팔꿈치를 어깨 높이까지 들어 올려 오른쪽으로 감았다 되돌리면 레프트 훅이 되고 팔꿈치를 가슴에 붙인 상태에서 가상의 상대방의 턱에 아래에서 위로 '점을 찍으면' 레프트 어퍼컷이 된다. 같은 방식으로 "둘"의 박자에 오른손을 움직이면 오른손 기술이 되고 이 몇 가지 기술을 어떻게 조합하는가에 따라 셀 수 없이 다양한 권투의 문장을 만들어낼 수 있다. 즉 하나-둘을 정확히 할 줄 알면 나머지 모든 기술도 적절한 때

에 자연스럽게 할 줄 알게 되는 것이다. 그런데 정작 이 하나-둘이 정확히 무엇인지를 소위 '스포츠 과학'적으로 동일하게 전형화할 수는 없다. 왜냐하면 사람 몸의 형태가 저마다 다른 까닭으로 각각의 권투 선수의 몸을 통해 드러나는 하나-둘의 스타일도 다를 수밖에 없기 때문이다. 또한 이상적인 하나-둘에 도달하기 위한 왕도는 없다. 그럼에도 "저 친구 기본기가 아주 좋군!"이라는 탄성을 자아낼 수 있는, 권투인들 공통의 합의를 이끌어낼 하나-둘의 모양과 리듬이 결과적으로 있기는 있다.

콧털 우와, 관장님 저 친구 뭐예요?

관장님 왜, 잘해?

콧털 잘하는 거 맞죠? 엄청 빠르네요. 얼마나 하면 저런 자세가 나올 수 있나요?

관장님 10년. 쟤는 권투쟁이야, 쟁이. 너 아직 1-2년밖에 안 됐지? 앞으로 너도 한 10년만 하면 돼. 금방이야.

콧털 아하하, 10년…. 그런데 뭔가 폼이 되게 예쁜데요?

관장님 폼이 예뻐야 돼. 예쁘게 하는 애들이 또 잘하고. 모든 스포츠는 폼이야.

섀도복싱은 자기 혼자서 그림자를 벗 삼아서 "저 친구 기본기가 아주 좋군!"이라는 공공의 인정을 획득하기 위해 하는 복습의 운동이다. 그러나 아직 좋은 것이 무엇이고 무엇이 좋은 것인지를 판단할 권투 선수의 눈을 갖지 못한 초심자에게 혼자서 하는 복습이란 애당초 달성은커녕 시작조차 불가능한 과제이다. 그렇기 때문에 초심자에게 우선적으로 필요한 것은 다른 사람이 어떻게 하는지를 유심히 보고 따라 하는 모방 학습이다. 그런데 정작 초심자에게는 권투 선수의 눈이 없는 까닭에 누구의 무엇을 유심히 보고 따라 해야 하는지를 판단할 재간이 없다

혼자서 그림자를 벗 삼아서 연습하기 위해 오히려 타인의 개입이 적극적으로 요구되는 섀도복싱의 역설이 이 지점에서 현실화된다. 그렇다면 초심자는 어떻게 이 역설을 풀어야 하는가? 어떻게 이 역설을 풀어서 그림자를 벗 삼아 스스로의 몸을 권투 선수의 몸으로 길들일 수 있을까? 그런데 적어도 거인체육관에서 이 역설은 어렵지 않게 해소된다. 애초에 초심자 혼자서 역설을 풀기 위해 전전긍긍할 필요가 없는 것이다. 왜냐하면 그곳은 "저 친구 기본기가 아주 좋군!"이라는 목표를 향해 몸을 길들이는 다양한 수준의 관원들을 직접 마주칠 수 있는 사회적 시공간인 동시에 이미 권투 선수의 눈을 갖춘 스승(관장님)과 선배들(선수 혹은 은퇴한 선수)로부터 적절한 가르침을 받을 수 있는 교육의 시공간이기 때문이다.

그곳은 권투를 가르치고 배우는 권투 체육관이다. 내가 보고 따라 해야 할 몸동작의 모델들이 눈앞에서 움직이고 있고, 누구를 모델로 삼아 따라 해야 할지를 지적해줄 권투 선수의 눈들이 내 옆에서 나의 몸을 관찰하고 있다.

스피드머신[44] 형, 권투 제일 못하는 사람들이 어떤 사람들인 줄 아세요?
콧털 글쎄…, 누군데요?
스피드머신 체육관에 사람 아무도 없을 때 오는 사람들. 왜 꼭 그런 사람들 있잖아요. 그런 사람들 그렇게 해서는 권투 못 배워요. 사람 많을 때 그것도 자세 좋은 사람들 있을 때, 그때 같이하면서 배우고 또 물어보고 배우고 그러는 거지. 그러니까 형도 저 있을 때 오세요. 하하, 나만 보고 따라 하면 돼.
콧털 근데 요즘 자주 안 나오시니까….
스피드머신 그러게요. 아, 요즘 너무 힘들어요.

　모방은 인간 지능의 가장 기본적인 형식이다(Downey, 2005: 43에서 재인용). 그리고 인간은 모종의 방식으로 권위를

---

[44] 전직 선수, 20대 중반, 체육관 경력 10년여.

갖게 된 대상을 모방함으로써 그 대상과 직접적으로 연결되는 사회적 관계를 형성한다(Mauss, 1973: 73-74). 권투라는 세계, 적어도 거인체육관이라는 세계에서 모방의 대상은 의심의 여지 없이 같은 시공간에서 권투를 직접 하는 다른 사람의 살아 있는 몸 기술로 규정되고, 이에 대한 반작용으로 책을 모델로 삼는 모방과 동영상을 모델로 삼는 모방은 금기시된다. 그런데 왜 움직이는 다른 사람의 몸 기술을 같은 시공간에서 직접 모방하는 것만이 유일한 방법이 되어야 할까?

    책을 모델로 삼을 경우 권투 특유의 리듬감이 사라진다. 권투의 모든 몸 기술에는 이미 제자리 뛰기의 리듬이 배어 있을 뿐만 아니라 "저 친구 잽이 아주 훌륭하군!"이라는 탄성을 자아낼 수 있기 위한 적절한 타이밍이 있다. 아무리 정확한 자세에 모양이 예뻐도 적절한 타이밍에 구사할 수 없는 몸 기술은 무용지물이다. 설령 권투인들 공통의 합의를 이끌어낼 훌륭한 잽의 모양과 리듬을 결과적으로 교과서화할 수 있을지라도 그것을 책으로 기록할 경우 그 특유의 시간성은 사라질 수밖에 없다.

    동영상을 모델로 삼을 경우 권투 특유의 몸으로 하는 의사소통이 사라진다. 몸의 모방은 눈으로 동작을 먼저 보고 그것을 몸을 움직임으로써 따라 하는 과정이기 때문에 만약 눈으로 동작을 관찰하기에 부족함이 없을 정도로 잘 만든 동영상이라면 모방을 위한 모델로 적합할 수도 있을 것이다. 그러나 촬영을 통해 포착할 수 없는 세세한 (예를 들어 "지금 발바닥이 아파오기 시작하지만 조금만 더 참고 하자"와 같은 정신적) 구성 요소들은 오랜 기간 동안의 훈련을 통해 하나의 몸동작에 비가시적으로 축적되어 있고, 이 축적의 과정에 대한 온전한 이해는 "의식의 영역 밖에서 몸으로부터 몸으로 전달되는 무언의 의사소통에 대한 이해"(Bourdieu, 1990a: 166)가 선행되어야만 비로소 가능하다. 즉 모방의 대상이 정확한 동작을 구사할 때에 전해지는 느낌이나 감각 중에는 동영상의 시청각적 이미지로 포착 불가능한, 일방향으로 전달될 수 없는 쌍방향적인 정보들이 너무나 많은 것이다. 그렇기 때문에 책과 동영상이 모방을 통해 몸의 기술들을 학습하기 위한 보조 자료로 활용될 수는 있어도 제일의 모델이 될 수는 없는 것이다.

관장님   권투는 지름길이 없어. 정상적으로 배워야 돼. 선배들이다 뭐다 이렇게 잘하는 애들 거 이렇게 보면서 '아, 저렇게 치는 거구나' 하고 스스로 느껴야 돼. 그리고 그 동영상 같은 거 많이 보면 자기 권투가 안 돼. 뭐든지 자기가 열심히 하면서 그걸 봤을 때 도움이 되는 거야.

콧털   공부는 학교에서 배우고 권투는 체육관에서 배워야 되는 뭐 그런 거죠?

관장님 권투도 마찬가지고 다른 것도 마찬가지고 같이 운동하는 애들끼리 인사하면서 서로가 잘 지내는 그런 게 필요해. 그럼 걔한테도 배울 수가 있는 거고. 걔한테 관장한테는 솔직히 얘기 못하는 "아유, 나 직장을 관두니까 좀 어렵네" 그런 것도 서로 얘기할 수도 있는, 이런 커뮤니케이션이 따로 있어. 또 세계 챔피언도 인간이기 때문에 자기 어려울 때 뭐 같이 식사라도 하고 그러면 또 마음이 달라지는 거고. 똑같애 바깥에서 일반 저거 하는 거랑. 그게 없으면 어렵지.

콧털 하긴 체육관도 사람들 사는 데니까요.

…

콧털 예전에는 어땠어요?

관장님 예전에도 마찬가지긴 한데 훨씬 더 치열했지.

콧털 그랬겠죠? 진짜 목숨 걸고 하는 사람들이 많았으니까….

관장님 그래서 잘하는 애들이 많았지. 그런데 재미있는 게 뭔 줄 알아? 그런 잘하는 애들은 또 잘 안 가르쳐줘. 왜 안 가르쳐주는지 알아? 열심히 하지 않으면 안 가르쳐줘. 왜? 걔도 그거 어떻게 해서 벌은 기술인데. 그리고 걔도 열심히 안 하는 애들은 이쁘지 않으면 안 가르쳐줘 절대로. 가르쳐 달래도. "얌마 니가 알아서 해"그런다고. 다 그래. 그런데 이제 열심히 하고 애가 보니까 성공할라고 열심히 하고 "아 저놈은 그렇구나" 그러면 "야 해봐. 이렇게 하지 말고 이렇게 해봐. 야 아팍 한번 쳐봐. 이렇게 하지 말고 새끼야 이렇게." 그게 가르쳐주는 거야. 그러면서 느는 거지.

결국 권투의 기술을 잘 배우기 위해서는 나보다 "더 잘하는 동료"(Downey, 2008: 206에서 재인용)들과 실제로 두루두루 잘 지내야 한다. 몸 기술의 모방은 사람과 사람 사이의 직접적인 연결을 매개로 발생하는 상호작용이다. 모방의 과정에서 훈련자의 몸은 타자에 의해 모방되어야 할 대상이 되는 동시에 또 다른 누군가를 모방해야 할 주체가 되고, 현재 내 몸에 새겨진 권투의 기술은 내가 모델로 삼아 모방한 선배의 기술에 연결된다. 이뿐만 아니라 그 선배의 기술은 그가 모델로 삼아 모방한 그의 선배의 기술에 연결되고 또 그 선배는 '그 선배의 그 선배의 그 선배의…'라는 방식으로 과거 거인체육관에서 거인체육관의 권투를 몸에 새겨 넣던 까마득히 먼 선배의 몸의 기술들에 연결된다. 그리고 이를 거꾸로 뒤집어 말하면 거인체육관의 권투는 모방의 상호작용을 통해 끊임없이 다음 세대로 전수되고 미래를 향해 계속 전승된다.

2) 반복

　체육관에서 사람들과 두루두루 친하게 지낸다고 해서 권투의 기술이 저절로 몸에서 몸으로 전수되는 것은 아니다. 하루아침에 하나의 기술이 몸에 착 달라붙는 것도 아니다. 앞서 언급했듯이, 권투의 기술을 몸에 새겨 넣는 작업은 오랜 세월 동안 자신도 모르게 몸에 새겨져 축적된 '비-권투'의 습관들을 물리적/신체적 훈련을 통해 새로운 권투의 습관으로 압축적으로 변형해나가야 하는 몸-길들이기의 작업이다. 예를 들어 일상생활에서 무제한의 자유를 보장받던 걸음걸이는 무엇보다 먼저 그 자유가 극도로 제한되어 양발이 어깨너비로 고정되도록 묶일 때 비로소 권투의 발놀림으로 변형될 수 있고, 별 생각 없이 아래로 축 늘어뜨릴 수 있었던 두 팔은 내 얼굴을 온전히 가릴 수 있는 위치로 추어올려져 고정되도록 묶일 때 비로소 권투의 손놀림으로 변형될 수 있다. 권투를 위해 필요한 몇 가지 동작을 제외한 나머지의 모든 일상적이고 잠재적인 동작들은 의식적으로 억압되거나 제거되어야만 한다.

　"몸이 자유로운 정도를 구속"(Downey, 2008: 207)하는 과정의 책임자이자 집행자는 그 누구도 아닌 나 혹은 나의 몸이다. "연습만이 살길!"이라는 구호가 소리 없는 아우성에 그치지 않기를 바란다면 그 누구도 아닌 내가 직접 나의 몸을 움직여 스스로를 길들여야 한다. 방법은 간단하다. 같은 동작의 반복. 그것뿐이다. 그런데 그 반복의 과정이 쉽지 않다. 이미 일상생활에서 몸에 밴 잠재적 동작들이 스스로를 현실화하려는 저항의 힘이 결코 만만치가 않다. 오히려 그것은 저항의 힘이라기보다는 이미 내 몸에 대한 헤게모니를 쥐고 있는 지배의 힘이다. 그런데 정작 몸을 잘 길들이기 위해서는 무엇보다 먼저 저항과 지배의 이항 대립이라는 대결 구도에서 벗어나야 한다. "자신과의 싸움"이라는 수사는 말 그대로 수사에 불과할 뿐, 내 몸과 싸워서 승리하는 것이 반복 훈련의 목적이 될 수는 없다. 만약 나의 몸이 패배해버렸다면 정작 더 이상의 훈련은 불가능할 수밖에 없다. 그것은 몸의 파괴, 즉 부상이다.

관장님 콧털아, 그렇게 무식하게 많이 한다고 느는 게 아니다.
콧털 그래도 많이 해야 빨리 느는 거 아니에요?
관장님 권투에는 지름길이 없어. 권투 기술에도 다 나이가 있다 이거지. 너는 권투 나이로 치면 이제 갓난아기 정도 되는 거 아냐. 갓난아기한테 이거 해라 저거 해라 윽박지른다고 뭐가 되냐? 울기나 하지.
콧털 아. 그럼 어떻게….
관장님 그냥 적당히 아픈 듯 안 아픈 듯 그 정도로만 적당히, 뭐든지 적당히.

관장님의 가르침을 따라 몸을 길들이기 위한 반복의 원리를 한 단어로 표현하면 그것은 제거, 억압, 구속이 아니라 "적당히"이다. 그런데 이 "적당히"의 강도는 상대적이고 가변적이다. 입문한 지 한 달 남짓의 초심자가 4회전 동안 하나-둘을 열심히 반복한 결과로 약간의 근육통이나 발바닥의 물집이 생긴다면 그에게는 지금 4회전 정도의 반복이 적당한 것이다. 이때 무리해서 훈련의 횟수나 강도를 높여버리면 단순한 근육통이나 물집의 수준을 넘어서는, 다음 날의 훈련을 도저히 감당할 수 없을 정도의 심각한 몸의 파괴가 발생하기 마련이다. 체육관에 입관한 사람들의 대부분이 3개월을 채 채우지 못하고 나가떨어지는 데에는 권투의 반복 훈련 자체에 내재된 본질적인 고통과 지루함이 무엇보다 큰 원인으로 작용하지만, 아직 자신의 몸이 감당할 수 없을 정도의 강도 높은 훈련을 스스로에게 부과하는 훈련자의 욕심 또한 큰 원인으로 작용한다. "한의원에서 침 맞고 왔는데 운동을 좀 쉬어야 한다는데요?", "정형외과 다녀왔는데 도대체 무슨 운동을 그렇게 무식하게 했냐고 혼내던데요?"라며 초심자들이 푸념하는 장면은 거인체육관에서 늘 마주칠 수 있는 지극히 일상적인 장면이다. 이러한 푸념에 대해 햇수가 오래된 관원들이나 관장님이 내놓는 답변은 언제나 한결같다. "그냥 할 수 있을 정도로만 적당히 하세요." 그리고 뒤돌아서면서 추가되는 약간의 뒷말. "권투가 뭐 하루아침에 갑자기 팍팍 느나. 그러게 하라는 것만 하라니까 왜 굳이 오버하고 그러는 거야…. 욕심도 참."

물론 몸에 자극을 주지 못하는 강도 낮은 훈련으로는 습관의 변형이 불가능하다. 그렇기 때문에 몸이 적당히 아플 정도의 강도 높은 훈련이 필연적으로 요구될 수밖에 없다. 그런데 강도가 지나치게 높을 경우 몸은 어떻게든 파괴된다. 그렇기 때문에 권투에 몸을 길들이는 과정에서는 몸을 꽁꽁 묶어내는 반복 훈련 못지않게 꽁꽁 묶었던 몸을 잘 풀어주는 적절한 휴식이 매우 중요하다.

관장님   가장 중요한 게 잘 자고 잘 먹는 거야. 그게 보약이야. … 그거를 못하면 운동 효과가 없어.

콧딜   그럼 이것도 성격 예민해서 못 자고 이러면 안 되겠네요.

관장님   안 되지. 그렇지만 운동을 열심히 하면 피곤하니까 잘 수밖에 없고 또 자기 운동 능력을 올리기 위해서는 어쩔 수 없이 자야 된다 이거지…. 근데 그걸 쳇바퀴 돌아가듯이 하게 되면 다 그게 또 몸에 배.

콧털   쉬는 것도 몸에 배게 만들어야 된다는 거죠?

관장님   그렇지. 그래서 노는 거 좋아하는 놈은 어려운 거야.

친구들이 불러내지 뭐 해야지. 아이고 힘든 거야. 쉬질 못하니까. 다음 날 운동이 되나? 될 리가 없지. 노는 거보다 운동하는 게 쉬워. 운동하는 게 제일 쉬워.

이러한 맥락을 따를 때, "적당히"라는 강도의 느낌을 알아가는 것 또한 중요한 훈련의 과정이다. 반복의 강도가 너무 낮을 경우 권투 세계로의 본격적인 진입은 요원한 일이 되고 반복의 강도가 너무 높을 경우 본격적인 진입은커녕 본의 아니게 그 진입의 문턱에서 튕겨져 나오게 된다. 만약 내가 나의 몸을 대상화할 수 있다면 반복의 강도를 적당히 조절하는 일은 내가 나의 몸과 끊임없이 의사소통을 하면서 일상 세계로부터 잠시 벗어나 권투 세계로 조금 더 들어가보자고 어르고 달래며 독려하는 것과 같다. 이 독려의 과정이 순조롭게 진행되면 반복의 강도는 점점 세어질 수 있고 나와 나의 몸을 대상화하기 위해 임의로 그었던 경계선의 기능은 서서히 사라진다. 즉 내가 나의 몸을 억지로 반복시키는 것이 아니라 나의 몸이 알아서 반복하고 나를 반복시키는 과정에 도달하는 것이다. 그렇기 때문에 같은 동작을 끊임없이 반복하다 보면 어느 순간 나의 몸이, 나의 지각이 변하고 있다는 적당한 그 느낌[45]을 스스로 깨달을 수 있게 된다.

같은 동작의 꾸준한 반복의 결과 거인체육관의 권투로

얼마나 몸이 길들여졌는가는 (비교의 대상인) 일상생활에서 경험하게 되는 지각의 변화를 통해 느닷없이 확인된다. 가령 버스나 지하철을 기다릴 때 나도 모르게 권투의 발 자세를 취하고 있다든가 멀리서 갑자기 나타난 오토바이의 불빛에 깜짝 놀라 권투의 발놀림으로 뒤로 물러선다든가 친한 친구가 스스럼없이 어깨동무를 하려 할 때 두 손을 올리며 방어 자세를 취한다든가 하는 경우를 통해 나의 몸과 지각이 권투인의 그것들로 길들여졌음이 어렵지 않게 확인되는 것이다. 그뿐만 아니라 반복 훈련의 결과는 일상생활에서 소위 '늘어난 체력' 혹은 '예전보다 강해진 몸'의 경험을 통해 확인되기도 한다.

콧털   운동 꾸준히 하고 나서 뭐 좋아진 거 있어요?
빼빼   아 예. 몸에 힘이 좀, 허리랑 다리에 힘이 좀 생기니까. 제가 하루 종일 서서 일하는 거라…. 그런데 다리가 안 아프더라고요. 어느 순간부터 허리랑 별로…. 그래가지고 아 이게 효과가 진짜 있긴 있구나.

45 이러한 강도가 극한에 다다르면 무아지경의 순간을 경험할 수도 있다. 한 프로 선수는 그것을 다음과 같이 표현했다. "육체는 극도로 피곤한 상태가 되면 꼭 마약이라도 먹은 것처럼 순식간에 고통이 사라진다. 극도로 고통스러운 순간이 지나면 어느 순간부터는 그 고통이 미치도록 좋게 느껴지는 것이다. 훈련 중독증이라고 했다."(김주희, 2011: 115)

콧털 　내가 강해졌다… 뭐 이런 느낌도 들어요?

빼빼 　예. 몸이 좋아졌죠. 좋아졌어요. 막 변화는 없는데… 잔 근육 생겼다 이런 건 알겠어요. 어깨 쪽이나 이런데…. 그래도 딱히 몸이 우락부락해지거나 내가 바뀌었다 이런 느낌은 많이 못 받았었는데… 그냥 평상시 일할 때나 이럴 때도 '뭔가 기본적인 체력이 조금씩 달라졌구나' 이런 거는 느끼죠.

콧털 　자신감도 더 생기고?

빼빼 　그렇죠. 제가 체구가 크지 않고 말랐잖아요? 그런데도 안으로 단단해졌다 이런 느낌이 있으니까 자신감이랑 뭐 이래저래 좋은 거 같긴 해요.

하마[46] 　권투 하고 나서부터 술이 더 잘 들어가요. 하하하. 이제 막걸리 세 병.

콧털 　세 병이요? 막걸리를? 그게 가능해요?

하마 　원래 두 병 정도는 마셨었는데. 운동하고 나니까 엄청 잘 들어가. 쭉쭉 들어가.

콧털 　아니 아무리 그래도 한 번에 세 병은…, 와우. 그런데 살 빼시려고 등록하신 거 아니에요?

---

[46]　일반 관원, 40대 후반, 체육관 경력 1년여.

하마 그래서 살이 잘 안 빠지나? 그래도 좀 단단해진 거 같지 않아요? 하여튼 운동하고 집에 가면 엄청 잘 먹혀요.
콧털 그때 안 먹어야 되는데…. 어쨌든 뭔가 운동 효과가 있는 거라고 하긴 해야겠네요. 하하.

　　같은 동작의 꾸준한 반복을 통해 훈련자의 몸과 지각은 실제로 변화한다. 그리고 반복을 통한 몸의 변화가 지각의 변화를 수반하고 지각의 변화가 다시 몸의 변화를 수반하는 순환적 인과관계가 나의 몸 안에서 성립된다. 또한 권투 몸동작의 반복을 통해 훈련자는 점점 권투 선수의 눈을 갖춰나갈 수 있게 되고 예전보다 밝아진 권투 선수의 눈을 통해 그동안 지각할 수 없었던 자신의 몸동작뿐만 아니라 다른 사람들의 몸동작들까지도 세세하게 지각할 수 있게 된다. "보는 것을 배운다는 것은 어떤 보는 양식, 고유한 몸의 새로운 사용을 획득하는 것이고, 몸의 이미지를 풍부하게 하고 재조직하는 것"(메를로퐁티, 2002: 242)이라는 철학적 문장이 거인체육관에서는 구체적인 몸동작의 체험으로써 실제화되는 것이다. 그 결과 예전에는 누군가의 동작을 모방하기에 바빴던 초심자는 서서히 다른 초심자가 모방해야 할 대상이자 다른 사람의 동작에 대해 개입할 수 있는 숙련자로 변해가고 이 "개방형의 발생적 과정"(Wilf, 2010: 571)을 거침으로써 훈련자는 점점 거인체육관에서 보다 유의미한 존재가 되어간다. 변화된 몸과 지각은 거인체육관이라는 세계로 훈련자가 점점 길들여지고 있다는 증거, 즉 그 세계와의 관계가 원활하게 순환되고 있고 그 강도가 점점 세어지고 있음을 시간의 흐름에 따라 표시하는 또 하나의 증거가 되어가는 것이다.

3) 반성

거인체육관의 한쪽 벽면은 전체가 거울이다. 모방과 반복을 통해 거인체육관의 권투로 차츰차츰 몸을 길들여가는 훈련자는 자신의 몸을 더 잘 길들이기 위해 반드시 거울에 비친 나 자신과 대면해야만 한다. 그래서 거인체육관에서 거울에 비친 자신의 몸을 마주하는 행위는 너무나도 자연스럽다. 섀도복싱은 내가 나를 대상화함으로써 내가 나를 반성하는 자기 혼자만의 훈련이다. 나에게 꼭 맞는 나만의 모범 답안을 만들어나가기 위해서는 나의 몸 기술을 면밀히 관찰하고 반성함으로써 끊임없이 고치고 다듬어나가는 무한한 교정의 과정 속으로 몰입해 들어가야만 한다. 그것은 반성의 과정이고 거울은 반성을 위해 꼭 필요한 시설물이며 나만의 모범 답안은 반성의 축적을 통해 만들어질 수 있다.

그런데 거울을 앞에 두고 혼자서만 하는 훈련은 자칫 잘

못하면 독이 될 수 있다. 거울에 비친 나만의 몸 기술을 너무
나 사랑해버린 나머지 거울 속의 나로부터 빠져나오지 못하
는 나르시시즘의 독. 피에르 부르디외는 이 독을 마신 사람들
에 대해 "강력하고 열정적으로 자기 투자를 하지만 학교 교육
체계에 의해 외면당하고 무시되는 전혀 다른 영역에 투자하
는 구식 독학자"라 분류하고 "자신도 어디에 속해 있다는 점
을 증명하려고 발버둥치는 모습을 통해 자신이 그로부터 배
제되어 있다는 사실을 폭로할 뿐"이라며 비판한다(부르디외,
2006: 166). 거인체육관에서도 상황은 마찬가지다. 만약 거인
체육관의 구성원들로부터 스스로를 고립시키는 구식 독학자
가 강력하고 열정적으로 자기 투자를 한다면 그가 체육관에
서 흘린 땀의 노력은 그 누가 보기에도 아름다운 나만의 모범
답안을 만들어가기 위해 쓰이는 것이 아니라 그 누구도 함께
걸어갈 수 없는 나만의 길을 만들어가기 위해 쓰이고 마는 것
이다. 그리고 이 지점에서, 거울에 비친 나의 몸 기술을 나 스
스로 반성하기 위해 오히려 타인의 개입이 적극적으로 요구
되는 섀도복싱의 또 다른 역설이 현실화된다.

스피드머신   뒷발이 너무 들어갔는데요?
콧털   예?
스피드머신   형, 지금 하던 대로 자세 잡아보세요. 방금 전에

	했던 그대로.
콧털	(자세를 잡으며) 이렇게?
스피드머신	거울로 한번 보세요. 지금 앞발이랑 뒷발이 일자로 되잖아요. 뭔가 이상하잖아.
콧털	어, 그러네. 이거 언제 이렇게 됐지?
스피드머신	관장님이 처음 가르쳐준 스탠스 알죠? 그거대로 다시 서보세요.
콧털	(자세를 잡으며) 이렇게?
스피드머신	그렇지. 이제 좀 자연스럽네. 그렇게 뒷발이 앞발보다 약간 오른쪽에 있어야 라이트를 제대로 치죠. 형 아까 보니까 라이트 뻗을 때 중심이 무너지더라고요.
콧털	거 참 이상하네. 옛날엔 멀쩡했었는데…. (라이트를 계속 뻗어보며) 아! 이번에 왼쪽 어깨 (왼쪽 어깨에 아래턱을 바짝 붙이며) 이렇게 이렇게 하는 거 하나 새로 배워서 신나가지고 그거 연습하다 망가졌나 보다.
스피드머신	권투가 원래 그래요. 뭐 하나 배우면 뭐 하나 이상해져. 그러니까 뭐 새로 배웠다고 그거만 하지 말고 자꾸 거울 보면서 어디 이상한 데 없나 예전이랑 달라진 데 없나 확인도 좀 하고 그래요.

| 콧털 | 아하하. 알겠습니다. 감사합니다. |

    반성하는 나에 대해 타인이 개입하는 위와 같은 사건이 자주 발생하는 것은 아니다. 왜냐하면 권투의 몸 기술을 하나 완성[47]하기까지는 매우 오랜 시간이 걸리고, 권투는 결국 혼자서 스스로 노력해서 그 완성의 느낌을 몸소 깨닫는 과정이기 때문이다. 바꿔 말해 본질적으로 진도가 엄청 느릴 수밖에 없는 권투의 훈련 과정은 어쩔 수 없이 거울과 함께하는 자기반성의 과정으로 가득 채워진다. 그러나 그렇다고 해서 그 자기반성의 과정이 결코 나만의 길을 개척하는 방향으로 흘러가서는 안 된다. 비록 어쩌다 한 번일지라도 거인체육관의 권투로 보다 깊게 몸이 길들여져 이미 권투 선수의 눈을 갖춘 타인의 적절한 개입이 있어야만 올바른 반성의 과정이 지속될 수 있다. 결국 반성 이전에 선행되어야 할 것은 타인에 대한 모방과 타인을 전제한 반복이다. 만약 사심 없이 권투를 그저 잘하고 싶다면, 거인체육관에서 훈련자는 모방-반복-반성으로 구성된 (타인과 관계 맺어진) 섀도복싱의 방법을 통해 뭘 해

---

[47] 권투의 기술을 습득함에 있어서 완성은 없다. 다만 "이제 그 정도면 좀 하는 것 같네", "이제 초보 티 좀 벗었네", "이제 좀 자연스럽네"와 같이 객관적으로 측정 불가능한, 거인체육관 내부 구성원 사이의 사회적 합의가 있을 뿐이다.

도 거인체육관답게 자연⁴⁸스러운 거인체육관표 기계⁴⁹가 될 때까지 스스로를 길들이고 스스로가 길들여져야만 한다.

48 권투 체육관에서 자주 쓰이는 일상적 표현인 "자연스럽게"는 명백히 사회적으로 길들여지고 있는 훈련자의 지각이 그 사회적 길들여짐을 점점 지각할 수 없을 정도로 말 그대로 자연스러워지는 상태를 지향한다. 그리고 이와 같은 자연에 대해 "길들여진 자연"이라고 이름을 붙여보는 것은 적어도 거인체육관의 상황에서는 지극히 자연스럽다.

49 거인체육관의 권투는 링 위에서 벌이는 실제의 싸움을, 나아가 세계 챔피언이라는 꿈의 실현을 지향한다. 그렇기 때문에 비록 세계 챔피언이 아닐지라도 거인체육관에서 진지하게 권투를 하는 훈련자들은 실제의 경기를 준비하는 것이 아닌 상황에서도 링 위에서 벌이는 실제의 싸움을 상상하고 준비하면서 마루에서 섀도복싱을 한다. 그것은 마치 재즈 연주자가 즉흥연주를 할 수 있는 가능성의 조건을 갖추기 위해 자신의 손가락을 자동기계로 만들듯이(Wilf, 2010: 567-568) 스스로의 몸을 권투-자동기계로 만드는 과정과 같다. 그러나 현실에서 대부분의 훈련자는 결코 자동기계가 아니다. 왜냐하면 '보통의' 훈련자들은 실제 경기를 치를 수준에 아직 이르지 못했거나 이를 수 없는 경우가 대부분이고 '보통이 아닌' 은퇴 선수들은 실제 싸움의 결과로 누적된 크고 작은 부상 때문에 마찬가지로 실제의 경기를 치를 수준에 이를 수 없는 경우가 대부분이기 때문이다. 그들은 자동기계이기는커녕 너 나 할 것 없이 어딘가 모자란 고장 난 기계들이다.

3. 스파링: 서로가 서로를 길들이다

섀도복싱이 마루에서 혼자 몸을 길들이는 훈련의 과정이라면 스파링[50]은 링 위에서 두 사람이 서로의 몸을 길들이는 훈련의 과정이다. 앞서 사각의 링을 제단에 비유해 설명함으로써 밝혔듯이, 링은 오르는 것 자체만으로 링에 오르는 사람에게 일상의 분위기와 구별되는 특별한 분위기를 강제하는 인공 시설물이다. 물론 비일상의 공간에 심층 놀이를 위해 설치된 링과 체육관이라는 일상의 공간에 훈련을 위해 설치된 링이 강제하는 분위기 사이에 정도상의 차이가 있을 순 있다. 그러나 그 둘 사이에 본성상의 차이가 있는 것은 아니다. 링은 링이다. 같은 맥락에서, 체육관에서의 스파링이 비록 실제 권투경기는 아니지만 그럼에도 불구하고 실제의 그것을 지향하는 실제적인 싸움이라는 데는 의심의 여지가 없다. 링 위에서의 싸움은 링 위에서의 싸움이다.

---

50 "스파링: 대전 형식의 연습. 글러브를 끼고 연습 상대와 실전적인 공격, 방어 기술을 연습하고 체력을 단련하기 위해 한다. 컨디션이나 기술의 정도에 따라 횟수를 고려하지만, 가장 실제 경기에 가까운 형식의 연습 프로그램으로서 중요하다. 경우에 따라선 경기 중 상대와 가격을 주고받는 것을 뜻하기도 한다."(이태신, 2000)

콧털　　링 위에서도 훈련을 하잖아요?

관장님　그거는 어느 정도 기본기가 잡혔을 때, 그때 들어가는 거고. 혼자 할 때는 아무런 저항을 받지 않으니까 잘 되던 기술도 상대가 올라와 있을 때는 또 잘 안 되고 그래. 어차피 링에서 기술이 먹혀야 할 거 아냐? 그렇기 때문에 또 그거에 대한 연습을 하는 거지.

콧털　　이때 또 기술이 안 써먹힐 수도 있는 거고… 상대가 있으면 계속 상황이 바뀌잖아요.

관장님　당연히 상대방 스타일마다 다른 게 있고 다 바뀌는 거야. 상대방이 힘으로 밀고 들어오는 화이터 같으면 거기에 대한 게 또 다르고, 도망가는 애 같으면 또 다르고, 왼손잡이 같으면 또 다르고, 다 달라. 똑같은 적이 한번도 없어.

콧털　　그래서 이 사람 저 사람이랑 많이 해보라는 게 이런저런 스타일 같은 것도 다 느껴보고 그러라는 거잖아요?

관장님　그렇지. 많이 해봐야 돼. 많이 해봐야 힘도 뺄 줄 알게 되고…. 머리로 뭐 이렇게 저렇게 해야지 생각한다고 해도 막상 저 위에서는 할 수가 없어. 그냥 한순간에 나가떨어지는 거야.

…

콧털　　그러면 어찌 됐건 헤드기어 쓰고 때리고 맞으면서 해

	야지 는다 이거죠?
관장님	그럼. 그게 실전하고 똑같은 얘기지. 안 때리고 하니까 맘대로 할 수 있는 거 아냐 편하게. 못하는 놈도 겁 많은 놈도 할 수 있잖아 안 때리니까. 그렇지만 한 대 맞아봐, 무서워서 못하지. 그럼 그다음에 하라고 해도 안 해 그거…. 정말 스파링은 치고받고야. 죽기 살기로 치고받고 맞고 해야 돼, 사실은.
콧털	하긴, 직접 때리지 않으면 뭔가 긴장이 덜 되긴 하더라고요. 호흡도 훨씬 편하고.
관장님	편하지. 놀면서 하는데. 그러니까 그런 거는 백날 연습해봐야 진짜 실전에서는 써먹을 수가 없다 이거야…. 그냥 둘이서 웃으면서 꼭두각시놀이 하는 거야. 그런 거는 권투가 아니라는 거지.

…

콧털	예전에는 스파링 할 때마다 엄청 세게….
관장님	그럼 반 죽었어. 반 죽었어. 목숨 걸고 하는 애들이 많았으니까. 그래서 스파링 하자는 소리를 쉽게 할 수 있는 게 아니야 권투는…. 스파링 하는 거 무서워서 체육관 앞에서 안 들어오고 도망가고 그랬어.
콧털	하하. 정말요?
관장님	그럼. 현관문으로 이렇게 들여다보고 잘하는 선배 있

으면 '아이고, 오늘도 죽었다' 그러고 동네 한 두어 바퀴 돌고 다시 돌아와서 또 들여다보고 그랬다고. 얼마나 들어가기가 싫겠냐? 두들겨 맞아야 되는데. 스파링이 그렇게 힘든 거야.

헤드기어를 착용하지 않은 상태에서 때리지 않기로 약속하고 하는 스파링을 속칭 "메도복싱"이라고 한다. 이 경우 '맞을 일이 없다'는 안도감은 잔인함의 강도를 0에 가깝게 만들고 권투의 본질이라고 할 수 있는 싸움의 속성을 제거한다. 그래서인지 이때의 호흡은 마루에서 섀도복싱을 할 때의 호흡에 비해 오히려 더 느려지는 경향이 있다. 반면 헤드기어를 착용한 상태에서 서로 때리고 맞을 것을 약속하고 하는 스파링의 경우 '맞을 수 있다'는 공포는 오히려 맞지 않기 위해 상대방을 때릴 것을 강제하고 그런 상황에서 긴장의 강도는 극대화된다. 물론 이때의 호흡이 섀도복싱의 그것에 비해 훨씬 빨라지는 경향이 있음은 말할 것도 없다. 예를 들어 강도가 낮은 메도복싱을 8회전을 해도 힘들지 않던 훈련자가 강도가 높은 스파링을 2회전만 해도 심장이 터질 것처럼 힘든 경우가 허다하다. 지금의 논의에서 스파링은 폭력이 전제된 것으로서 폭력이 제거된 메도복싱과 구별된다.

거듭 강조하면 스파링은 링 위에서 실제로 치고받고 싸

우며 하는 연습이다. 그리고 이 연습의 상황에서, 머리와 얼굴을 보호하기 위해 헤드기어[51]를 착용하고 펀치의 강도를 완화하기 위해 크고 두툼한 스파링용 글러브[52]를 착용한다는 조건은 맨얼굴을 드러낸 채 보다 맨주먹에 가까운 펀치를 주고받는 실제 프로 권투경기에서의 잔인함을 희석하곤 한다 (Wacquant, 2004: 78). 그러나 잔인함의 강도가 곧바로 격렬함의 강도나 위험함의 강도와 동일시되는 것은 아니다. "권투 선수가 경기하다가 다치는 것 같죠? 다 스파링 하다가 다쳐요. 그러니까 스파링 할 때 특히 조심하세요"라는 김챔프의 조언과 "막상 실제 경기 들어가지? 그러면 초짜들은 긴장해서 잘 때리지도 못해. 그리고 이 주먹이 작아지고 헤드기어도 안 썼잖아? 그러면 때려도 잘 맞지도 않아. 그거 한 대 때리는 게 무진장 힘들어"라는 관장님의 조언을 근거로 삼을 때, 그리고 내

---

51 과거 프로 권투와 아마추어 권투를 구분하는 방법 중 하나는 헤드기어의 착용 여부였다. 그러나 2012년 6월 국제아마추어복싱협회(AIBA)가 모든 국제 대회에서 헤드기어를 쓰지 못하도록 결정함으로써 헤드기어는 더 이상 프로 권투와 아마추어 권투를 구분하는 기준으로 기능하지 못한다.

52 공식적인 프로 권투경기의 상황에서 미니멈급-웰터급은 8온스의 글러브를 슈퍼웰터급-헤비급은 10온스의 글러브를 착용한다. 글러브가 가벼울수록 상대방의 몸과 나의 주먹은 덜 보호된다. 스파링의 상황에서는 보통 14온스의 글러브를 착용한다.

가 거인체육관에서 벌어지는 다양한 스파링을 관찰하고 직접 스파링을 경험한 바를 근거로 삼을 때, 격렬함이나 위험함의 강도는 오히려 보호 장비를 착용하는 스파링의 상황에서 극대화되곤 한다. 실제 경기에 비해 잔인함의 강도가 덜할 순 있어도 격렬함의 강도나 위험함의 강도가 덜할 수만은 없는 스파링의 상황. 그렇기 때문에 거인체육관에서 스파링은 "스파링 하자는 소리를 쉽게 할 수 있는 게" 아닌 독특한 논리에 의해 작동되는 관계적/사회적 상황이 된다.

1) 몸 투기(投機): 싸움을 걸다

거인체육관에서 암묵적으로 통용되는 스파링의 규칙 중 첫 번째는 "도대체 나는 언제 저 링 위에 올라서 스파링이란 것을 한번 해볼 수 있는 건가?"라는 막연함을 해소하는 문제에 관한 것이다. 문제를 푸는 열쇠는 전적으로 '권투 9단' 관장님의 암묵지에 근거한 감각적인 판단에 달려 있다. 보다 자세히 말하면 관장님은 무심한 척하면서 흘깃흘깃 관원들의 동작 하나하나를 유심히 확인한다. 그리고 가끔씩 잘못된 동작을 지적하거나 새로운 동작을 가르쳐줌으로써 지루한 반복 훈련에 대한 일종의 보상을 제공한다. 그렇기 때문에 거인체육관에서 관장님에게 인정받고 다음 단계의 기술로 도약하고

자 분투하는 관원들은 무심한 척하는 관장님과 "빨리 가르쳐 주세요!"와 "아직 아니야!"로 대립되는 눈에 보이지 않는 미묘한 줄다리기를 하면서 같은 동작을 계속 지루하게 반복하곤 한다. 하지만 어떻게든 참고 버티고 기다리다 보면 언젠가는 "○○○, 이리 와서 링 위에 올라가봐!"라는 느닷없는 호출에 깜짝 놀라게 된다. 거인체육관에서 관장님의 입회와 중재 아래 치르는 첫 스파링은 "이제 링 위에서 스파링을 해도 될 때"라는 사회적 시간을 공식적으로 확인하는 일종의 통과의례이다.

콧털 링에 처음 올라갈 때 어떻게 올라갔어요?

빼빼 관장님이 저랑 비슷하게 진도 나갔던 그분이랑 둘이 올라가서 안 때리고 해보라고…. 올라가서 글러브만 때렸죠, 둘 다. 관장님이 밖에서 계속 "돌아, 돌아" 하면서….

콧털 그때 어땠어요?

빼빼 그때는 재밌었죠. 그냥 뭣도 모르니까 일단 주먹질했는데. 그때는 안 때려도 재밌었는데 지금은 안 때리고 안 맞으면 재미가 없더라고요. 하하.

콧털 그때부터 관장님이 공식적으로 하라고 한 거죠?

빼빼 예. 그때부터 계속 사람들 있을 때마다 했죠. 그리고 그때부터 김챔프도 조금씩 스파링 해야 실력 는다고 그런

얘기도 해주고 조언도 해주고….
콧털   그게 언제예요?
빼빼   아, 기억이 안 나는데요.

…

콧털   되게 떨렸죠?
빼빼   엄청 떨렸죠.
콧털   링 바닥이 막 올라오지 않았어요?
빼빼   아, 그 정도까지는 아니고. 하하. 뭔가 몰랐으니까 그냥 올라가서 긴장 엄청 했죠. 뭐 어떻게 할까 생각하고 그럴 정신이 아니었던 거 같은데…. 돌라고 하시니까 계속 돌기만….

이와 같은 통과의례의 양상이 모든 사람에게 같은 방식으로 나타나는 것은 아니다. 때에 따라, 상황에 따라, 마침 그때 그 상황에 스파링 상대로 삼을 만한 사람이 누가 있었는가에 따라 양상은 달라진다. 예를 들어 나의 경우를 빼빼의 경우와 비교하면 나는 체육관에 입관한 지 6개월 남짓 되었을 무렵 아무런 사전 예고 없이 갑자기 관장님으로부터 호출되어 "그냥 너 그동안 연습했던 거 그대로 뭐라도 해봐!"라는 무심한 가르침 외에는 아무런 가르침도 받지 않은 채 권투 경력이 8년이나 된 현직 경찰이 기다리고 있는 링 위로 올려 보내졌다. 그러고는 실제로 많이 맞았고 그래서 그랬는지 링 바닥이 막 올라오는 느낌이었고 스파링을 마친 후에는 결과적으로 입술에서 피가 났다.

간단하게 첫 스파링에 관한 두 가지의 사례만 비교해보아도 거인체육관에서 사람들이 경험하는 첫 스파링의 양상이 사뭇 다르다는 것을 알 수 있다. 특히 사람들이 기억하는 첫 스파링의 강렬한 경험에 대한 인상은 그 양상이 어떠했는가와 상관없이 "나는 처음 스파링 할 때 코피가 났다", "처음 스파링 할 때 어떻게 해야 할지 몰라서 링 위에서 도망만 다녔다", "너무 정신이 없어서 그때 내가 뭘 했는지 아무런 생각이 나지 않는다", "하여간 무지하게 힘들었다" 등으로 더더욱 제각각이다. 하지만 양상과 인상의 상대성에도 불구하고 모든 첫 스파링의 기저에는 관장님의 호출-입회-중재라는 순서로 정형화된 사회적 구조가 자리하고 있다. 그리고 이 구조로부터 발생한 "처음 스파링 한 상대는 죽을 때까지 잊지 못한다"는 농담 아닌 속담이 계속해서 사실성을 축적해가며 체육관의 구석구석을 떠돌아다닌다.

첫 스파링을 경험한 훈련자에게는 링에 오를 수 있는 일종의 '제한된 자유 이용권'[53]이 주어지고, 이를 계기로 "도대

---

53 "첫 스파링"의 기능 중 하나는 "이제 너희들끼리 알아서 스파링 해도 될

체 나는 언제 저 링 위에 올라서 스파링이란 것을 한번 해볼 수 있는 건가?"라는 궁금함과 막연함은 일거에 해소된다. 이제부터 현실화되는 두 번째 규칙은 "그렇다면 누구와 저 링 위에 올라서 스파링을 해야 하는가?"라는 새로운 문제에 관한 것이다. 첫 스파링이 아닌 보통의 스파링이 어떻게 발생하고 작동하는지에 대한 문제. 특수 스파링의 원리가 아닌 일반 스파링의 원리.

결론부터 말하면 하나의 스파링이 성사되기 위해서는 반드시 누군가가 누군가에게 싸움을 걸어야만 한다. 그리고 그것은 내 몸을 담보로 상대방의 몸을 요구하는 하나의 커다란 투기(投機)라고 할 수 있다. 몸 투기. 결과적으로 이 몸 투기는 성공할 수도 있고 실패할 수도 있다. 만약 성공한다면 스파링은 긍정의 구호(하자!)로 변환될 것이고, 실패한다면 부정의 구호(하지 마!)로 변환될 것이다. 그런데 여기서 몸 투기의 결과의 양상이 어떠한지에 주목하기에 앞서 스파링을 하나의

때"라는 사회적 시간을 확인하는 것이다. 이 사건을 계기로 훈련자는 '스파링 자유 이용권'을 획득하게 된다. 그러나 그렇다고 해서 체육관에 있는 아무하고나 스파링을 할 수 있는 것은 아니다. 모든 스파링은 반드시 관장님의 허락을 전제로 진행되어야만 한다. 만약 스파링을 하고자 하는 두 사람 사이의 조합이 연습에 도움이 되지 않거나 사고의 위험이 있을 경우 스파링은 허락되지 않는다. 그렇기 때문에 훈련자가 획득한 '스파링 자유 이용권'은 어디까지나 '제한된 스파링 자유 이용권'이다.

제도적 실체가 아닌 관계들의 체계로서 주목하면, 누군가에게 부정의 구호(하지 마!)로 현실화되는 규칙이 다른 누군가에게는 긍정의 구호(하자!)로 현실화됨을 알 수 있다. 다시 말해 양자 간의 스파링이 부정될 가능성과 긍정될 가능성은 모두 동일한 원리에 의해 작동되는 잠재적 규칙이라는 점에서 다를 바가 없는 것이다. 그렇다면 이제 이 추론의 과정을 정당화하기 위해서 긍정과 부정의 형식적 동일성을 규정하는 원리에 대해서 추가적인 설명을 해야 할 것이다.

"호혜성의 원리"에 대한 클로드 레비스트로스의 분석에 따르면 원시사회에서 선물 교환이라는 사회제도는 물질적 이득 이외의 가치에 대한 열정[54]의 효과로서 무엇을 하도록 강요하는 긍정의 규칙으로 기능할 뿐만 아니라 증여자와 답례자를 일련의 관계로 묶는 기능을 한다(Lévi-strauss, 1969: 52-68). 이와 마찬가지로 거인체육관에서 스파링이라는 사회제

---

[54] 민족지적 사례로 실증되는, 받은 것보다 화려하게 주어야 한다는 교환의 규칙의 목적에는 가치의 교환 이외에 추가되는 것들이 있다. 하나는 사회적 지위/특권을 공식화하는 것이고 다른 하나는 경쟁자를 능가하는 관대함을 과시하는 것이다. 그런데 그것이 지위/특권이든 관대함이든 여기서 중요한 것은 이 제도가 무엇을 금지하는 것이 아니라 무엇을 하도록 강요하는 규칙이라는 점이고 이 규칙의 발생 및 작동 원리가 경제적·물질적 이득 이외의 목적(지위/특권-관대함)에 대한 열정(passion)이라는 점이다.

도는 권투를 잘하기 위한 열정의 효과로서 스파링이라는 싸움을 개시하도록 강요하는 규칙으로 기능할 뿐만 아니라 개시자(도전자)와 응답자(수락자)를 일련의 관계로 묶는 기능을 한다.[55] 바꿔 말해 권투는 결국 링 위에서의 싸움이고 사심 없이 권투를 잘하기 위해서는 반드시 스파링을 통해서만 느낄 수 있는 링 위에서의 실전 감각을 키워나가야 하는데, 스파링을 직접 경험하기 위해서는 내가 직접 다른 사람에게 나의 몸을 담보로 싸움을 걸거나 다른 사람이 나의 몸을 요구하며 걸어온 싸움을 몸소 받아들여야 한다. 결국 스파링은 링 위에서 벌어지는 실전에 가까운 몸싸움이기에 앞서 사람(몸)과 사람(몸) 사이의 호혜적 관계를 개시하기 위한 초대와 응답의 상호작용으로서의 몸 투기인 것이다.

만약 "저랑 스파링 한번 하실래요?"라는 몸 투기를 상대방이 흔쾌히 받아들인다면 나와 상대방은 링 위에서 치고받으며 각자의 몸에 축적된 권투 기술을 치열하게 (호혜적으로) 주고받을 것이다. 그러나 만약 상대방이 "제가 오늘 감기가 걸려서…", "지난번 스파링 때 오른쪽 어깨를 다쳐서…",

---

[55] 이 제도들이 놓여 있는 현실의 층위와는 다른 층위에 선물 교환과 스파링의 형식적 동일성을 규정하는 원리로서 호혜성의 원리가 자리한다. 그것은 인간 실존의 근본 원리이다. 왜냐하면 인간은 혼자서만 존재할 수 없는 호혜적 존재이기 때문이다.

"오늘 제가 잠을 한숨도 못 자고 와서…", "방금 밥을 먹고 와서…" 등의 핑계로 거절한다면 나와 상대방은 왠지 모를 어색함을 공유하며 어물쩍어물쩍 각자의 공간으로 돌아가 각자의 섀도복싱에 몰입할 것이다. 그런데 사실 대부분의 스파링 제안은 거절되기보다는 상대방의 실력이나 몸 상태에 맞춰 스파링의 강도를 조절하는 것을 전제로 수락되곤 한다. 그럼에도 불구하고 이런저런 핑계로 상대방의 제안을 거절하는 행위는 "당신과는 스파링을 하고 싶지 않습니다" 혹은 "당신과는 관계를 맺고 싶지 않습니다"라는 단호한 거절의 완곡한 표현으로, 그 이전의 스파링이 결코 유쾌한 경험이 아니었을 경우에 발생하곤 한다. 나 역시 다른 체육관에서 수년간 권투를 했었다는 '터프가이'[56] 신입 관원의 스파링 제안을 별 생각 없이[57] 받아들였다가 공이 울리자마자 곧바로 권투가 아닌 막싸

---

[56] 권투 하는 사람들에 대한 흔한 오해 중 하나는 "폭력성을 과시하려는 성향의 사람들"과 같은 종류의 비난일 것이다(Satterlund, 2012: 541-543). 그러나 적어도 거인체육관에서 (기술, 전략, 정신력 등이 강조되는 스포츠로서의 권투 본래의 목적과 상관없이) 폭력성을 과시하려는 성향의 사람들은 다양한 방식으로 배제된다. 스파링의 거부는 그 다양한 방식 중 하나이다.

[57] 내가 체육관의 이 사람 저 사람과 별 생각 없이 스파링을 하는 빈도가 한창 높아지던 어느 날 관장님은 "콧털아, 너 그렇게 아무하고나 막 스파링 하다가 다친다. 스파링도 영리하게 영악하게 해야 되는 거야. 너보다 기술은 조금 더 좋고 체중은 조금 덜 나가는 애랑 할 때가 제일 좋아. 그

움의 막장으로 순식간에 말려들어갈 뻔한 아찔한 경험을 한 적이 있다. 그날 이후 몇 번의 스파링 제안에 대해 나는 갖가지 핑계를 대며 거절했고 그 결과 나와 그 터프가이 사이의 관계는 급격히 소원해졌다.

2) 몸 투기(鬪技): 호혜적 몸싸움

할배[58] 콧털 선생. 오늘 너무 고마워.
콧털 별말씀을요.
할배 사실 나 이게 너무 해보고 싶었거든…. 내가 여기 다닌 지 7-8년 정도 됐는데 오늘 이 스파링이란 걸 처음 해본 거야.
콧털 아, 정말요?
할배 응. 관장님도 허락을 안 해주고 다른 사람들도 잘 안 하려고 그러더라고.
콧털 아무래도 연세가 있으시니까요. 다치실까 봐 그러죠.
할배 그런가?
콧털 괜히 하다가 다치시기라도 하면 같이한 사람이 더 미안

래야 늘어. 그러니까 사람 봐가면서 적당히 해!"라며 꾸짖었다.
58 일반 관원, 60대 초반, 체육관 경력 7년여.

해지죠.

...

콧털 그런데 스파링 해보시니까 어떠세요? 좋으세요?

할배 응, 좋아. 이게 마루에서 할 때하곤 완전히 다르네. 힘들어, 힘들어. 그래도 뭔가 살아 있는 느낌이 드네. 힘들었어도 아주 살아 숨 쉬는 시간이었어. 그런데 콧털 선생이 봐주면서 한 거지?

콧털 에이, 뭐…. 그래도 그 연세에 체력이 대단하세요. 힘도 엄청 세시고. 제가 힘에서 밀리는 것 같던데요?

할배 엄청 힘들었는데 안 힘든 척한 거야. 어휴, 죽는 줄 알았어. 그래도 확실히 다르네. 왠지 실력이 배가된 느낌이 들어.

거인체육관에서 거의 보는 스파링은 호혜적 관계의 선순환 속에서 진행된다. "저랑 스파링 한번 하실래요?"라는 도전은 매우 정중하게 상대방에게 제안되고 상대방 역시 정중하게 그 제안을 받아들인다. 그러고 나서는 관장님에게 공식적으로 허락을 구한 후 서로의 보호 장비를 챙겨주면서 "오늘은 크게 크게 돌면서 해볼까요?", "요즘 한창 연습한 레프트 바디를 좀 때려볼까 하는데 괜찮으시겠어요?", "좀 맞아도 괜찮으니까 제 얼굴에 적극적으로 잽을 최대한 많이 던져보세요"

등과 같이 링 위에서 시도해보려는 기술들에 대해 소소한 의견을 나누곤 한다. 특히 헤드기어를 착용하거나 양손에 스파링용 글러브를 착용할 때에는 어쩔 수 없이 손이 모자라 타인의 도움의 손길이 필요하기 마련인데, 대부분의 경우 보다 숙련된 사람이 아직 덜 숙련된 사람의 장비를 손수 채워주거나 주변에 있던 또 다른 훈련자들이 잠시 자기 운동을 멈추고 스파링을 위한 도우미가 되어준다. 어쨌든 모든 준비가 완료되었다면 이제는 링 위로.

아무리 호혜적 관계에 기반을 두었다고 해도 링 위에서의 스파링은 서로를 때리고 서로에게 맞아야 하는 위험한 행위이다. 결코 사라질 수 없는 위험에 대한 본질적인 두려움은 늘 심장이 쫄깃해지고 온몸에 전기가 흘러 근육들이 경직되는 것 같은 긴장을 야기한다. 그렇기 때문에 링 위에서는 무엇보다 호흡이 중요하다. 공이 울리기 전까지의 짧은 시간 동안 최대한 긴장을 풀고 편안한 몸과 마음의 상태를 유지하기 위해 호흡을 가다듬는다. 크게 숨을 들이마시고 내쉬고. 땡! 드디어 공이 울리면 서로의 글러브를 정중하게 맞부딪치고[59] 본격적

---

[59] 권투 세계에서 경기나 스파링을 시작하기에 앞서 서로의 글러브를 맞부딪치며 인사하는 것은 관습이다. 그렇게 해야만 한다는 규칙이 정해져 있는 것이 아님에도 불구하고 그 세계에서는 모두가 그렇게 한다. 간혹 실제의 프로 경기에서 상대방을 도발하기 위해 글러브 맞부딪치기

인 싸움을 시작한다. 물론 호흡은 여전히 중요하다. 불안정한 호흡을 애써 안정시키기 위한 들이마시고 내쉬고의 반복.

실제로 싸움이 시작되면 폭력의 수위는 공격과 방어의 변증법에 따라 심하게 요동치기 마련이다. 이때 매우 중요한 한 가지는 어느 한편이 일방적으로 상대방을 몰아붙이지 않기 위한 (계약도 아니고 규칙도 아닌) '공평의 감각'이다(Wacquant, 2004: 83). 그런데 이 공평의 감각은 주로 무언의 대화를 통해 유지된다. 서로의 주먹을 실시간으로 교환하는 긴박한 스파링의 상황에서 말을 내뱉을 틈이 없음은 너무나 당연하고[60] 마우스피스를 물고 있는 입으로는 무언가 말하려 해도 제대로 말해지지 않는 것 또한 참으로 당연하다. 그렇기 때문에 헤드기어 사이로 또렷이 보이는 상대방의 눈빛과 서로 때리고 맞으면서 전달되는 다양한 몸의 감각은 경쟁과 협력이 결합된 "직내적 협력"(Wacquant, 2004: 86에서 재인용)을 유지하기 위한 의사소통의 수단으로 기능하며 지속적으로 매

를 거부하는 상황이 연출되기도 하지만 거인체육관에서 벌어지는 스파링의 상황에서 그러한 도발은 발생하지도 않고 발생할 이유도 없다. 왜냐하면 스파링의 목적은 싸워서 이기는 것이 아니기 때문이다.

[60] 그렇기 때문에 실제의 경기에서 "주심은 경기 진행 중 특별한 사항 외에는 말이 아닌 몸동작으로 표현해야 한다."(재단법인 한국프로복싱연맹의 경기 규칙 중 제33장: 주심, 제127조)

우 빠르게 교환된다. 그런데 만약 이때의 나를 타인과의 선반성적인 관계를 전제하고 있는 "대타존재"(Scheper-Hughes & Lock, 1987: 29에서 재인용)로서 포착하고 나의 시선으로 상대방을 물화/대상화함으로써 자유의 가능성을 독점하려는 (대상에 대립하는) 주체로 설명할 경우 스파링의 상황에서만 지각할 수 있는 독특한 공평의 감각은 누락되고 만다. 오히려 스파링의 상황에서 나와 나(상대방)는 서로를 대상화하는 동시에 서로의 주체성(자유로운 몸 기술의 구현)을 극대화하기 위해 분투한다. 보는 자로서의 나의 몸과 보이는 몸 사이에는 상호 간의 호혜적인 삽입과 얽힘이 있기(메를로퐁티, 2004: 199) 마련이고, 나의 시선과 또 다른 나(상대방)의 시선은 함께 태어나 끊임없이 교환된다. 그렇지만 어떤 시선도 안정적이지는 않다.

서로의 주체성을 극대화하면 스파링의 강도 또한 극대화되고 스파링의 강도가 극대화되면 잠재되어 있던 무의식적 행동의 질과 양이 의식적 행동의 질과 양을 넘어서게 된다. 섀도복싱이 반복 훈련을 통해 나의 몸에 몸 기술을 의식적으로 새겨 넣는 학습의 과정이었다면 스파링은 다양한 기술을 동원해 우연한 상황에 적용할 수 있는 임시변통의 능력을 무의식적으로 획득하기 위한 학습의 과정이다. 그동안 마루에서 갈고닦았던 몸 기술이 생각지도 못한 위기 상황에서 느닷없이 정확하게 구현되었을 때, "스파링 할 때 써먹혀야 진짜 그 기술이 몸에 밴 거예요. 아무리 마루에서만 날아다녀봐야 소용없어요"라는 (머리로는 이해했으나 몸으로는 결코 이해하지 못했던) 김챔프의 조언이 참말이었음을 몸소 깨달을 수 있다. 그런데 긴박하게 돌아가는 스파링의 변화무쌍한 상황은 모든 판단을 잠시 중지하고 여유롭게 방금 스쳐 지나간 깨달음의 사태에 대해 음미할 틈을 주지 않는다. 맞지 않기 위해서는 계속 때려야 한다. 맞고 때리고 때리고 맞고 피하고 맞고 때리고 피하고 맞고 때리고 때리고 맞고⋯ 정신이 없다. 땀을 분수처럼 쏟아내며 몸은 알아서 스스로 판단하고 움직인다.[61]

콧털　한창 스파링에 맛 들였었잖아요?
빼빼　그렇죠. 이게 맞는 걸 좋아하는 건가 싶기도 하고.
콧털　그 느낌이 어때요? 스파링 할 때⋯.
빼빼　하고 나면 '아, 숙제 하나 끝낸 것 같다.' 막 후련한 거 있죠.

61　'길들여진 몸', '길들여진 본능', '길들여진 자연'의 현실화는 실제 경기에서의 긴박한 상황에 대한 거인체육관 소속 권투 선수의 회고를 통해서도 확인할 수 있다. "눈이 보이지 않았지만 오랜 연습으로 몸에 밴 본능은 나를 움직이게 했다. 앞이 안 보여 방어를 할 수 없는 상황에서는 정신없이 공격을 이어가는 것 말고는 살아날 방법이 없었다. 8라운드, 9라운드, 10라운드⋯ 후반으로 갈수록 나의 공격은 살아났다."(김주희, 2011: 219)

콧털　하기 전에는 어때요?

빼빼　체육관에 들어가기 전에는 '오늘도 청년 복서 만나나?' 막 이러면서 두근거림 반, 떨리고 무서운 거 반 해가지고…. 청년 복서가 항상 하자고 하니까…. 그런데 하고 나면 엄청 개운하고 좋은 느낌 있잖아요, 오늘 뭔가 진짜 하나 해낸 거 같다는 느낌이 있죠. 맞고 내려왔는데도. 그게 참 좋아요.

콧털　그러면 스파링 하는 순간순간에는 어때요?

빼빼　순간에는 잘 모르겠어요. 아무 생각이 안 나요. 너무 좋아요. 그 아무 생각 안 나는 게. 거기에 빠져 있는 게 좋은 거 같아요. 그러니까 뭔가 할 때 원래 잡생각이 나잖아요. 막 좀 잊고 싶은데 권투 하면 그게 싹 사라지니까…. 힘들어서 그런가?

콧털　겨를이 없으니까.

빼빼　네. 겨를이 없어요. 진짜 뭔가 비집고 들어올 겨를이 없어요. 누가 보고 있다는 것도 생각 안 나고 그런 거 같아요. 완전 심해져요. 힘이 또 너무 들어가니까.

콧털　그때는 뭐 때리고 맞았다 이런 거 생각도 안 나고요?

빼빼　잘 안 나요. 뭐 그런 건 대충 있죠. 어느 정도는 때렸다 피했다 뭐 이런 느낌은 있는데. 그래도 정신이 하나도 없으니까.

콧털　그러면 퍽 하고 맞았을 때….

빼빼　안 아파요 별로…. 저 요즘 더 들이대잖아요, 맞으면 더 때려야겠다 그러면서.

콧털　맞았을 때 쾌감 같은 게 있어요?

빼빼　어 그런 거 있는 거 같아요. 약간 변태 같기도 하고. 하하.

사람들은 정작 링 위에서 싸우는 동안은 아무런 생각이 나지 않지만 막상 링에서 싸우고 내려오면 그 아무런 생각이 나지 않았던 경험 때문에 말로 설명하기 힘든 쾌감이 파도처럼 밀려온다고 고백한다. 그 무념무상의 순간에 대해 할배는 "살아 숨 쉬는 시간"이라고 표현했고 빼빼는 "아무 생각이 안 나서 너무 좋은 순간"이라고 표현했다. 그리고 심리학자 미하이 칙센트미하이는 이 찰나의 경험에 대해 "마음과 몸이 자연스럽게 물 흐르듯 하나 되는 몰입(flow)의 순간"(Jackson & Csikszentmihalyi, 1999: 5)이라고 표현할 것이다. 그런데 이러한 무의식적 행동의 질과 양이 의식적 행동의 질과 양을 넘어서게 되는 초월적 순간의 경험에 대한 고백은 권투뿐만 아니라 암벽등반, 달리기, 댄스 스포츠 등 다른 스포츠의 영역에서도 어렵지 않게 확인되는 것(Csikszentmihalyi, 1975: 74-101; Mandell, 1979: 67; Mitchell, 1983: 156-159; 김인형, 2008)으로서 몸과 몸을 직접 맞부딪치는 스파링만의 전유물이 결코 아니다. 범위를 권투 체육관 안에서의 활동으로만 좁혀 살펴보더라도 무념무상의 쾌감을 경험하는 것이 목적이라면 굳이 스파링을 고집할 필요가 없다. 격렬한 섀도복싱만으로도 마라톤에 못지않은 체력 소모와 '러너스 하이(runner's high)'에 버금가는 쾌감은 얼마든지 경험할 수 있다. 그렇다면 권투를 할 때에만, 그중에서 특히 때리고 맞아가면서 스파링의 상호작용을 할 때에만 경험할 수 있는 또 다른 종류의 쾌감이 있지는 않을까?

청년복서 형 오늘 이따가 한번 하실래요?

콧털 아, 미안해. 내가 오늘 너무 힘들어서 도저히 링에 올라갈 기력이 없다. 넌 어떻게 지치지도 않고 매일 그렇게 하니? 안 힘들어?

청년복서 네. 전 괜찮아요. 또 스파링을 많이 해야 느니까 이 사람 저 사람이랑 될 수 있는 대로 많이 하려고요.

콧털 하긴 넌 청년이니까…. 그런데 뭐가 그렇게 좋아? 재밌어?

청년복서 링 위에서도 재미있고 특히 링 올라가기 전에 그 긴장감 있잖아요, 전기 오른 것 같은 그 짜릿한 긴장감이 정말 좋은 거 같아요. 말로 설명하기 힘든…, 형도 알잖아요.

콧털   그렇긴 하지. 그런데 또 맞으면 아프잖아.

청년복서 하하, 괜찮아요. 그게 또 그 맞는 맛이 있는 것 같아요. 서로 막 뒤엉키다가 어느 순간 딱 하고 맞아떨어지는 순간들이 있잖아요.
콧털 그렇지, 엄청나긴 하지. 그 맛에 하는 거 같긴 해. 그런데 또 맞으면 아프잖아.
청년복서 그거 없으면 권투 안 하죠. 다른 운동도 많은데….

"시원하게 맞았다!" 스파링은 비록 공평의 감각을 유지하기 위해 노력하는 호혜적 몸싸움이긴 하지만 분명 폭력이 전제된 싸움이다. 그러나 그 싸움은 어디까지나 (비록 실전을 지향하지만) 실전이 아닌 연습이고, 싸움이기에 앞서 배움의 과정이다. 그렇기 때문에 스파링을 통해 이루어야 할 중요한 목표 중 하나는 상대의 몸 기술에 나의 몸 기술을 맞부딪치면서 서로의 빈틈을 찾아내는 것이다.[62] 문제는 얼마나 덜 맞으면서 얼마나 더 잘 더 많이 때리는가에 달려 있다. 덜 맞기 위해서는 나의 몸을 최대한 닫아야 하고 더 때리기 위해서는 상대방의 몸을 최대한 열어야 한다.

[62] 신실한 훈련자라면 스파링을 통해 발견된 빈틈을 다시 마루에서 섀도복싱을 통해 수정하고 보완해야 한다. 그리고 수정하고 보완한 부분을 다시 링에서 스파링을 통해 점검해야 한다. 권투 훈련은 마루와 링을 오르내리면서 반복하는 섀도복싱과 스파링의 끊임없는 순환이다.

여기에는 크게 두 가지의 서로 다른 차원의 싸움이 전제되어 있다. 첫째는 공간의 싸움. 둘째는 시간/리듬의 싸움. 먼저 공간의 싸움은 나에게 유리한 공격과 수비의 공간을 만들어내기 위해 분투하는 과정이다. 만약 내가 상대방의 사정거리 밖으로 벗어나 있다면 나의 공간은 안전하다. 그러나 나의 공격을 위해서든 상대방의 공격에 의해서든 나의 몸이 상대방의 사정거리 안에 놓여 있다면 나의 공간은 위험하다. 그리고 이때에는 하이가드 등의 수비 기술을 이용해 공간에 변형을 가함으로써 위험을 최소화해야 한다. 공격 기술을 통해 공간을 변형하는 것 또한 하나의 방법이다. 공격과 수비는 언제나 연속적이다. 긴박하게 돌아가는 스파링의 상황에서 나와 상대방의 공격 공간과 수비 공간은 실시간으로 변형되고 교차된다. 그러다가 만약 나의 수비 공간과 상대방의 공격 공간이 일치하는 순간이 발생한다면, 나와 상대방의 공간의 차이는 무한소가 되고 나의 몸은 상대방을 향해 열린다 — 거리(dx)의 함수와 무한소의 문제. 다음으로 시간/리듬의 싸움은 나에게 유리한 공격과 수비의 리듬을 만들기 위해 분투하는 과정이다. 나에게 익숙하고 자연스러운 리듬이 있다면 상대방에게도 그것이 있다. 그리고 거의 모든 경우 그 리듬은 서로 다르다. 리듬이 흐트러지면 마루에서 갈고닦았던 몸 기술은 무용지물이 된다. 리듬이 흐트러진 지금의 나는 부자연스럽다. 자연스러워지기 위해서는 호흡을 가다듬으면서 경직된 몸에 힘을 빼고 본래의 리듬을 찾아야 한다. 호흡은 곧 리듬이다. 긴박하게 돌아가는 스파링의 상황에서 나와 상대방의 공격 리듬과 수비 리듬은 실시간으로 변형되고 교차된다. 그러다가 만약 나의 수비 리듬과 상대방의 공격 리듬이 (역상으로) 일치하는 순간이 발생한다면, 나와 상대방의 시간/리듬의 차이는 무한소가 되고 나의 몸은 상대방을 향해 열린다 — 시간(dt)의 함수와 무한소의 문제. 설명을 위해 임의로 공간과 시간을 분리했지만 공간과 시간은 언제 어디에서나 얽혀 있다. 스파링의 상황에서도 마찬가지다. 공간의 싸움과 시간/리듬의 싸움은 얽혀 돌아가고 상대방의 빈틈에 나의 주먹을 꽂아 넣으려면 우선 나의 공간과 리듬을 단단히 단속해야만 한다. 그런데 공간과 리듬은 상대방과의 상호작용에 의해 계속 변형되고 흐트러진다. 그러다가 갑자기 "쿵" 하고 흐트러진 공간과 리듬이 일거에 아름답고 깔끔하게 정리되는 순간! 그 순간의 발생은 나의 몸이 상대방을 향해 완전히 열려 있었음을 확정한다 — 시공간의 함수와 무한소의 문제, 즉 미분(dx/dt)! 마루에서는 결코 경험할 수 없는 새로운 차원의 경험. 나는 내가 아닌 다른 사람으로부터 "시원하게 맞았다!"

시원하게 맞았을 때의 쾌감[63]은 폭력의 쾌/불쾌에 관한 문제로 간단히 환원될 수 없다. 맞으면 아프고 아프면 불쾌하기 마련이다.⁶⁴ 그럼에도 불구하고 아픔이나 불쾌가 아닌 시원한 쾌감을 가져다주는 주먹이 있다면, 그것은 호혜적 관계가 전제된 상호 배움의 과정인 몸 투기의 상황에서만 실재화될 수 있는 가능성의 주먹이다. 그런데 적어도 거인체육관에서 이 가능성의 주먹을 갖추기 위한 조건은 기대 이상으로 까다롭다. 첫째, 그 자체로서 힘들고 지루하기 때문에 실패의 위험이 매우 높은 입문의 단계를 어떻게든 버텨낼 것. 둘째, 모방-반복-반성으로 구성된 섀도복싱의 방법을 통해 거인체육관이라는 세계로 스스로를 길들이고 스스로가 길들여질 것.

63 적어도 스파링의 상황에서 "때렸다!"의 순간보다는 "맞았다!"의 순간이 더 잘 인지되고 지각되고 기억에 남는다. 이러한 현상의 원인에 대해 한 현역 선수는 다음과 같이 명쾌하게 정리했다. "당연히 때렸을 때보다 맞았을 때를 더 잘 알 수밖에 없죠. 아프니까." 그리고 이 쾌감의 순간을 학업의 상황에 적용해 비유적으로 표현한다면, "내가 쓴 글에서 무엇인가 석연치 않은 부분이 있었는데 누군가 아름답고 깔끔하게 그것을 절단하고 문제를 제기하는 비평을 날렸을 때의 쾌감" 정도가 적절할 것이다.
64 정타로 끊어지지 않고 밀려들어오며 짓누르는 '막주먹'은 특히 아프고 불쾌하다. 이런 주먹은 때리는 사람의 주먹과 맞는 사람의 몸 모두에 부상을 입힐 확률이 높다. 그뿐만 아니라 유효타를 측정해 승부를 가르는 실제 경기에서도 '막주먹'은 전혀 점수화되지 않는다. 만약 링 위에서 불쾌를 유발하는 '막주먹'만이 오고 가고 있다면 그것은 이미 스파링이 아닐 뿐만 아니라 권투-세계와는 다른 세계를 지향하는 정체불명의 퍼포먼스일 확률이 높다.

셋째, 관장님의 입회 아래 첫 스파링을 치름으로써 링에 오를 권리를 획득할 것. 그리고 마지막으로, 나의 몸과 다른 사람의 몸 사이의 관계를 호혜적으로 개시하고 서로 부족한 부분을 몸으로 느끼면서 배우는 몸 투기에 몰입할 것. 결과적으로 이러한 가능성의 조건을 갖춘 사람들끼리 서로가 서로의 몸을 도구로 삼아 부딪치며 쾌의 관계를 맺을 때, 명백히 서로가 서로의 몸에 폭력을 가했음에도 불구하고 "오늘 정말 잘 배웠습니다", "오늘 너무 감사합니다"와 같은 다정한 인사말과 함께 서로를 끌어안으며 활짝 웃어 보일 수 있는 것이다.

VI. 두 번째 쉬는 시간: 체육관 사람 되기

비록 세계 챔피언이 아닐지라도 거인체육관에서 사람들은 권투를 한다. 그리고 그중에 몇몇은 입문-섀도복싱-스파링으로 구성된 길들이기의 과정을 거치면서 점점 "거인체육관 사람"이 되어간다. 물론 그 과정의 중심에는 다름 아닌 몸이 있다. 굳이 "몸은 인간에게 있어 그 무엇보다 가장 자연스러운 도구이자 기술적 대상"이라는 모스의 주장(Mauss, 1973: 75)을 환기하지 않더라도, 거인체육관에서 권투를 하는 사람들이라면 누구나 권투 세계의 중심에 몸이 있음을 몸소 알고 있다. 거인체육관에서 사람됨이란 몸-길들이기와 다름없는 것이고 몸-길들이기는 하나의 새로운 권투 개체를 발생시키는 태어남의 과정이다.

거듭 강조하면 거인체육관에서 태어남의 과정은 마루에서 거울을 보고 양발을 어깨너비 정도로 벌리고 어깨에 힘을 빼고 발뒤꿈치를 들고 무릎을 살짝 구부린 채로 계속 제자리에서 뛰는 발 떼기를 배우는 것으로부터 시작된다. 그것은 일종의 배아의 착상이다. 이어서 마루에서의 섀도복싱과 링 위에서의 스파링을 순환 반복하면서 하나의 배아는 하나의 개체로 거듭나기 위해 분투한다. 그러나 이 개체화의 과정에는 끝도 완성도 없다. 그럼에도 불구하고 관장님은 그곳에서 언제나 발생하는 개체화의 전 과정에 조력자로서 함께 참여한다.

콧털   체육관에서 일반인을 선수로 길러내는 거랑 태릉선수촌 같은 데서 선수를 길러내는 거랑 차이가 뭐예요?

관장님   사람으로 말하면 세계 챔피언 김주희 같은 경우에는 내 배 속에서 난 새끼가 세계 챔피언이 된 거다 이거야. 그렇지만 태릉선수촌에서 세계 챔피언이 된 거는 중간에 내려다 기른 놈이 세계 챔피언이 된 거다 이거야. 그러니까 어느 게 더 가슴 아프고 어느 게 더 감동적이겠냐. 또 어느 선수가 더 잘되길 바라겠냐…. 내 배 속에서 태어난 놈이 잘되는 걸 바라는 거 아냐? 그게 차이야. 그런데 그게 엄청 크지.

콧털   그게 일반인들이 체육관에 들어올 때 생기는 재미 같은 거죠?

관장님   그럼. 너도 내 배 속에서 태어난 애야. 여기서 시작해서 여기서 발 떼기를 배웠잖아. 그렇지만 다른 체육관에서 벌써 해가지고 중간에 뭐 시합도 나갔고 이런 애 맡아서 하면 그런 애는 내 새끼가 아니야. 걔네들은 시합이 끝나면 자기 애비한테 가는 놈들이고 너는 끝나면 나한테 찾아오는 놈이고.

콧털 그러면 체육관에서 권투 선수가 되는 거는 어떻게 보면 사람 하나 태어나는 거랑 비슷하네요.

관장님 똑같아. 그런 게 계열이야. 어디 체육관 하면 무슨 계열, 거인체육관 하면 또 무슨 계열. 다 족보가 있어. 그냥 마구잡이가 아니야.

콧털 그러면 거인체육관에서 권투 배운 사람들은 다 저랑 친척이네요? 하하.

관장님 그렇지. 네 친척이 여기저기 흩어져 있을 거야. 나중에 걔들 권투 하는 거 보면 다 비슷비슷해. 체육관마다 그 체육관 스타일이 있다 이거지. 너는 거인체육관 표 아냐.

거인체육관에서 몸을 길들이는 모든 과정에는 필연적으로 다른 사람의 몸이 개입되기 마련이다. 특히 서로가 서로의 몸을 길들이는 (쾌의 관계가 전제된) 스파링을 계기로 서로의 몸은 직접 부딪치고 변형되고 서로를 향해 열리고 뒤섞이며 서로의 몸을 구성한다. 만약 이때의 몸을 "비록 경계가 명확하지만 그 경계에 구멍이 숭숭 뚫려 있는 투과성의 몸"(Carsten, 1995: 235)이라고 재정의할 수 있다면, 거인체육관에 발을 들인 사람들이 "거인체육관 사람"들로 되어가는 과정은 랑카위 섬의 사람들이 한집에서 음식(물질)을 공유함으로써 한 식구가 되어가는 과정(Carsten, 1995: 224-225)[65]과 유사하지만 또 다른 양상으로, 한 체육관에서 서로의 몸을 공유함으로써 하나의 몸 식구가 되어가는 과정이라고 할 수 있다. 오히려 실존의 본질을 관계성으로 포착하는 지금의 논의에서 '식구 되기'는 '사람 되기'에 선행한다. 누군가 나를 "거인체육관 사람"이라고 부를 수 있다면 그것은 내가 이미 "거인체육관 식구"이기 때문이다. 다시 말해 체육관 사람은 체육관 식구로서 체육관으로부터 (다른 사람과) 함께 태어난다.

몸을 길들임으로써 체육관 사람으로 함께 태어나는 과정

---

[65] 말레이 지역의 랑카위라는 섬의 한 집에서 현지인 가족들과 18개월 이상을 더불어 살고 난 후, 자넷 카르스텐은 (피-모유-음식-한솥밥 사이를 가로지르며 전환되는) 물질의 공유를 매개로 발생하는 관계성이 말레이 친족 관계의 핵심임을 포착한다. 즉 사람됨이란 처음부터 고정되어 있는 것이 아니라 사회적으로 만들어지는 과정이기 때문에 사람됨의 확장이라고 할 수 있는 친족 관계 또한 임신-출산에 의해 고정되는 것이 아닌 사후적으로 물질의 공유를 통해 재구성될 수 있는 "됨의 과정(a process of becoming)"으로 설명될 수 있다는 것이다(Carsten, 1995).

에는 언제나 적절하게 쉬어야 하는 시간이 포함되어 있다. 권투를 잘하기 위해서는, 3분 동안의 격렬한 훈련으로 몸을 꽁꽁 묶는 것 못지않게 30초의 짤막한 휴식으로 묶였던 몸을 다시 잘 풀어주는 것 또한 중요하다. 그리고 이 짤막한 쉬는 시간 동안 체육관 사람들은 서로 사적인 대화나 '공공의 적'에 대한 뒷담화를 주고받으며 몸으로부터 발생한 관계의 지속성을 더더욱 강화한다. 결과적으로 권투 선수로서 그리고 체육관 사람으로서 태어나는 과정은 묶기와 풀기가 교차하는 역동의 과정이다. 3분의 훈련이 체육관 사람들의 몸을 서로를 향해 열리게 한다면, 30초의 휴식은 체육관 사람들의 마음을 열리게 한다. 몸과 마음이 교차하는 역동의 과정. 그것은 다름 아닌 체육관에서 체육관 사람이 되어가는 과정이다. 그렇기 때문에 권투 선수가 되기 위해 분투하는 체육관 사람이라면, 늘 옆에 함께 있는 또 다른 체육관 사람들의 존재를 어느 순간부터 자연스럽게 지각할 수 있게 된다.

콧털 체육관 밖에서도 체육관 사람들 생각나고 그래요?
빼빼 하하, 저는 그런데….
콧털 스파링 같이하고 그래서 그럴까요?
빼빼 많이 도와줘서…. 함께한다는 게 있으니까.
콧털 그러면 만약에 스파링 같이 안 하고 그랬으면 끈끈함이 덜했을까요?

빼빼 그럴 거 같아요. 네, 맞아요. 섀도복싱 하고 옆에서 조금 가르쳐주고 얘기하고 그랬으면 좀 덜했을 거 같아요. 아무래도 스파링 하면 땀을 나누니까…. 그리고 체육관에 가면 같이 있는 느낌 뭐 그런 게 있잖아요.

콧털 그렇죠. 그때 배려하고 챙기고 이런 느낌이 드니까. 그래서 내가 없으면 허전했구나?

빼빼 아, 그럼요. 청년 복서도 없으면 허전하고.

콧털 체육관이 없어지면 어떨 것 같아요?

빼빼 섭섭하겠죠. 막 사람들도 보고 싶을 거고.

사람들은 특정한 시공간에서 스스로가 맺는 사람들과의 관계들을 그 밖의 다른 관계들과 명백히 구분되는 것으로 인지하는 데 아무런 어려움을 느끼지 않는다(이길호, 2010: 74). 실제로도 거인체육관에서 권투를 하는 사람들은 꽤의 스파링을 통해 땀을 나누며 관계 맺은 사람들을 "거인체육관 사람"들로 인지하고 지각하는 데 아무런 어려움을 느끼지 않는다. 오히려 그들은 다른 관계들과 명백히 구분되는 그 관계성을 관념적으로 인지하기에 앞서 감각적으로 지각한다. 그들에게 관계성이란 체육관에서 자연스럽게 서로의 몸을 길들이는 과정을 통해 자신도 모르는 사이에 이미 서로의 몸에 새겨 넣어진 몸의 관계성이다. 그리고 그 몸들에는 여전히 현재진행형의 과정으로 거인체육관이 지향하는 정통과 전통에 대한 강조가 "헝그리 정신"이라는 이름으로 체화되고 있고, 거인체육관이라는 세계와의 관계가 원활하게 순환되고 있다는 증거가 "권투 선수의 눈"이라는 이름으로 기록되어가고 있으며, 그 세계를 구성하는 사람들과의 감정적 애착이 "내 새끼"라는 이름으로 부착되어가고 있다. 그뿐만 아니라 이 모든 이름이 종합된 하나의 총체로서 "거인체육관 사람"이라는 이름이 서로의 몸(과 마음)을 맞부딪침으로써 발생하고 서로의 몸(과 마음)을 맞부딪침으로써 또다시 서로의 몸(과 마음)에 아로새겨지고 있다. 체육관 사람. 그렇게 그들은 서로 맞부딪치며 체육관 사람이 되어간다. 없으면 허전하고, 안 나오면 걱정되는 체육관 사람.

할배   아이고, 콧털 선생 오랜만이네.
콧털   하하, 예. 그동안 계속 나오셨어요?
할배   그동안에는 날이 너무 추워서 좀 쉬었고 날 좀 풀리고 계속 나오고 있어. 콧털 선생, 보고 싶었어.
콧털   아하하, 예, 저도요. 저도 요즘에는 매일 나올 수가 없는 상황이라… 그래서 더 오랜만에 뵙는 것 같아요.
할배   응, 그래, 그래. 젊은 친구가 바쁘게 살아야지. 바쁜 게 좋은 거야.

김챔프   오빠, 오랜만이에요! 한 일주일 만에 보는 것 같은데요?

콧털   그런가요? 아이고, 오늘이 며칠인지, 무슨 요일인지도 모르겠네요. 그새 일주일이나 지나갔나?

김챔프   요즘 바쁜가 봐요. 못 본 지 한참 된 것 같아. 매일 나오던 체육관 사람이 안 나오면 막 걱정돼.

콧털   그러게요. 체육관 못 나오면 몸도 그렇고 마음도 그렇고 하여간 뭔가 불편해요 이제.

  불과 몇 해 전, 나는 낯선 거인체육관에 처음 발을 들였다. 아무도 없는 그곳에서 영문도 모른 채 제자리에서 그저 시키는 대로 뛰고만 있던 상황을 돌이켜보면 여전히 불편하고 어색하기 그지없다. 그리고 몇 해가 지난 현재 나는 (그리고 나의 몸은) 어느덧 낯선 그곳에 길들여졌고 여전히 길들여지고 있다. 그렇기 때문에 공사가 다망해 체육관을 얼마간 찾지 못할 때면 어딘가 모르게 몸의 구석구석이 불편하고 어색하기 그지없다. 이제 그곳에 가면, 아니 그곳에 가야 나의 몸과 마음은 편안해진다. 그곳에는 체육관 사람들이 있다.

  거인체육관은 경계가 명확한 하나의 물리적 공간이다.

그리고 그 안에 구락부에서 체육관까지 이어져 내려오는 전통과 정통의 역사가 마루와 링이라는 인공 시설물들에 기록되어 실재한다. 물론 역사의 기록은 현재에도 진행 중이다. 체육관 사람들은 어제도 오늘도 내일도 변함없이 마루와 링 위에서 발을 놀리면서 체육관의 역사를 기록해나간다. 그렇게 체육관은 체육관 사람들에 의해 길들여지고 체육관 사람들은 다시 체육관에 길들여진다.

한 달에 9만 원의 회비를 낸 사람이라면 누구나 평등하고 자유롭게 드나들 수 있는 그곳에서 체육관 사람들은 끊임없이 얼굴을 바꿔가며 등장하는 돌발 관원들의 돌발 행동들을 마주한다. 그렇지만 충돌과 삭제는 없다. 단지 교란되며 공존할 뿐이다. 전통과 정통의 역사가 여지없이 무시되고 교란되어버리는 와중에도 체육관 사람들은 그 광경을 애써 외면하면서 그저 묵묵히 기본기에 최선을 다할 따름이다. 마루와 링은 그리하라고 그곳에 있는 것이다. 옆구리가 터져버린 빽을 오히려 더 낡은 빽으로 교체하는 정도의 실천을 전통과 정통을 애써 기록해두려는 의지의 표명으로 읽어낸다면 거인체육관의 인공 시설물들에 기록된 역사는 여전히 전통과 정통의 역사이다. 그렇지만 그것은 끊임없는 교란에 의해 누덕누덕 얼룩져버린 전통과 정통이다. 그런데 얼룩지지 않은 전통과 정통이 세상 어디에 있겠는가? 교란의 흔적은 역설적으로 전통과 정통을 지향하는 순수 취향의 흔적을 부각한다. 거인체육관에서는 무엇보다 권투에 임하는 태도가 순수할 것이 요구되고, 그렇기 때문에 물리적 공간으로서의 거인체육관에는 이미 순수함이라는 사회적 가치가 새겨져 있다. 다시 말해 거인체육관이라는 사회 공간 안에서 물적 조건과 사회적 가치는 서로의 원인이자 서로의 결과로서 함께 태어난다. 마루와 링은 그러하게 그곳에 있는 것이다. 그리고 이 사회 공간의 표면 위에서 '순수한' 체육관 사람들이 순수함의 흔적을 기록하며 뛰고 있다.

순수함을 다른 말로 표현하면 헝그리 정신이다. 헝그리 정신은 세계 챔피언이라는 꿈을 이루기 위한 실제적 조건이자 그 꿈에 대한 지향을 의미하는 상징적 기호이다. 헝그리 정신으로부터 세계 챔피언이라는 꿈에 이르기까지 분투하는 과정, 그것이 프로 권투이다. 그렇기 때문에 프로 권투 체육관이라면 모름지기 "세계에서도 최고고 돈도 많이 받고 그만큼 유명한 스타"인 세계 챔피언을 길러내려는 목표가 있어야만 하고, 의심의 여지 없이 프로 권투 체육관으로서 기능하기 위해 분투하는 거인체육관은 그 꿈을 이루기 위해 체육관 사람들에게 헝그리 정신을 강제한다. 그리고 이 분투와 강제의 강도가 극대화되는 순간, 다시 한번 거인체육관은 누구나 평등하고 자유롭게 발을 들일 수 있는 열린사회로서 현실화된다.

'헝그리'한 사람에게도 성공할 수 있는 기회가 주어지는, 성공의 여부를 떠나 그저 참여라도 할 수 있는 기회가 주어지는 몇 안 되는 세계, 그것이 바로 맨몸 하나만 있으면 누구나 뛰어들 수 있는 프로 권투의 세계이다. 그렇기 때문에 명백히 프로 권투 체육관인 거인체육관 안에서라면 누구나 체육관 사람들과 더불어 세계 챔피언을 꿈꿀 수 있다.

거인체육관에 깃든 혼 ─ 세계 챔피언이라는 꿈, 그것은 틀림없이 체육관 사람들을 지속적으로 뛰게 만드는 원동력으로 작용한다. 왜냐하면 사물에 깃든 혼의 위력은 기대 이상으로 막강하기 때문이다. 만약 세계 챔피언이라는 꿈이 사라진다면 거인체육관의 존재 가치는 사라질 것이다. 아니, 거인체육관은 존재조차 하지 않을 것이라는 단언이 오히려 적절하다. 그런데 세계 챔피언이라는 꿈의 가능성을 실재화하는 과정은 멀고도 험난하다. 보다 사실적으로 말해, 폭력과 파괴를 도구로 삼아 누군가를 떨어뜨리기 위해 열리는 잔혹한 투기에서 끝까지 살아남는 것은 구조적으로 불가능하다. 누군가를 떨어뜨리기 위해 열리는 프로 권투는 죽기 위해 싸우는 자살 게임과도 같다. 어쩌면 세계 챔피언이라는 꿈은 본질적으로 달성할 수 없는 '꿈같은' 꿈일지도 모른다. 그러나 그 꿈이 없다면 프로 권투도 거인체육관도 없다. 그렇게 되면 몇 안 되는 열린사회는 사라질 수밖에 없다. 비록 달성할 수 없을지라도, 그 꿈을 향한 분투가 어느 몽상가의 맹목적 투기에 불과할 지라도, 그럼에도 불구하고 '꿈같은' 꿈이 있기 때문에 체육관 사람들은 뛸 수 있다. 중요한 것은 분투의 과정이다. 비록 세계 챔피언이 아닐지라도 꿈이 깃든 거인체육관 안에서 체육관 사람들은 오늘도 뛴다.

거인체육관에서 물적 조건과 사회적 가치를 공유하는 체육관 사람들은 서로의 몸을 맞부딪침으로써 서로를 길들인다. 그곳에서 체육관 사람은 다른 체육관 사람들과 더불어 뛴다. 사람들이 함께 뛰는 사회. 거인체육관. 그러나 그 사회는 집합적이라기보다는 관계적이다. 왜냐하면 거인체육관에로 첫발을 떼는 입문의 과정에는 몸을 매개로 개시하는 새로운 관계만이 전제되어 있고, 스스로의 몸을 거인체육관의 몸 기술에 길들이는 모방-반복-반성의 과정에도 타인의 몸과의 연결만이 전제되어 있기 때문이다. 관계가 집합에 선행하는 열린사회. 그 발생의 중심에는 몸이 있고 이때 중요한 것은 몸들이 연결되는 과정이다. 물론 과정은 누구에게나 열려 있다. 조건도 간단하다. 다만 조건을 충족하기가 기대 이상으로 까다로울 뿐이다. 습관의 변형은 불가피하고, 사심 없이 그저 권투를 잘하고 싶다면 체육관 사람들과 두루두루 잘 지내며 함께 체육관 사람이 되어가는 과정에 동참해야만 한다. 그곳에서 사람은 혼자일 수 없다.

그것은 나의 몸과 또 다른 나의 몸을 상호 주관적으로 연결하고 변형함으로써 몸의 관계를 만들어나가는 됨의 과정이라고 할 수 있다. 그리고 이 열린 과정의 중심에 호혜적 몸싸움으로서의 몸 투기가 자리하고 있다. 관계의 성공적인 개시와 호혜적 선순환이 전제된 상호 배움의 과정으로서의 몸 투기. 링 위에서 때때로 현실화되는 성공적인 몸 투기의 순간, 서로의 몸은 서로의 몸을 향해 활짝 열리고 권투의 본질인 폭력은 쾌의 경험으로 변환된다. 그리고 이때 우리는 다른 사람으로부터 시원하게 맞을 수 있다. "시원하게 맞았다!"— 관계의 발생! 그렇게 우리는 링 위에서 서로의 몸을 맞부딪치는 과정 안에서 함께 태어난다. 나의 몸과 타인의 몸은 직접적으로 연결되고 타인은 이제 더 이상 타인이 아니라 나와 닮은 또 다른 나이다. 사실 나와 나(타인)는 마루 위에서 함께 뛰는 동안 이미 닮아 있었다. 그저 잘해보려고 분투하는 동안 나도 모르게 서로의 몸 기술들이 닮아버린 체육관 사람들은 그렇기 때문에 이미 남이 아닌 우리 체육관 식구들이다. 거인체육관에 가면 체육관 식구들이 있다. 이제 그곳에 가면, 아니 그곳에 가야 나의 몸과 마음은 편안해진다. 그곳에서 사람은 혼자가 아니다.

다시 논의의 출발점으로 돌아가보자. 거인체육관이라는 낯선 현장(대상)에 필연 같은 우연으로 맞닥뜨렸던 나는 반사적으로 머릿속에 떠오른 단순하고 커다란 연구 질문 하나와 마주할 수밖에 없었다. "사람들은 왜 굳이 맞고 때려가면서 권투를 하는가?" 그리고 이 질문에 차근차근 대답해 나아가려는 연구의 목적을 달성하기 위해 나는 그 낯선 현장에서 몸소 분투했고 그러는 동안 나의 몸과 지각은 나도 모르게 서서히 거인체육관의 물적 조건과 사회적 가치에 실제로 길들여져갔다. 바꿔 말해 적어도 그 사회 공간 안에서 땀 흘리는 동안만큼은 나 또한 (비록 세계 챔피언이 아닐지라도) 세계 챔피언을 꿈꾸는 순수한 '헝그리 복서'로서 발을 놀리고 주먹을 날려볼 수 있었던 것이다. 그렇다면 이제 낯설고 멀게만 느껴졌던 최초의 질문도 약간 수정되어 구체적인 내 몸 안으로 들어와 지각될 수 있을 것이다. "나는 왜 거인체육관에서 굳이 맞고 때려가면서 권투를 하는가?"

거인체육관에 들어서면 나는 색관화되기 이전의 나로 돌아간다. 나는 그곳에서 더 이상 그 무엇도 아무것도 아닌 잠재적인 것이 된다. 그저, 아직 완성되지 않은 미결정성의 몸들이 우글거리는 그곳에서 한낱 이름 없는 연습생으로서 무어라도 되어보려고 분투할 뿐이다. 물론 이 됨의 과정은 본질적으로 실패의 위험성을 내포한다. 나의 몸에 내재된 바깥 세계의 습관은 훈련을 통해 천천히 권투 세계의 습관으로 바뀌어야만 한다. 그 과정이 결코 쉽지만은 않다. 하지만 그렇기 때문에 오히려 나는 여기서 다시 새로 태어날 수 있다. 즉 권투 세계에서 요구하는 객관화의 과정에 들어섬으로써 나는 발생의 시작점에 다시 놓일 수 있게 되는 것이다. 결과적으로 거인체육관 안에서 나는 "콧털"이라는 이름을 획득한다. 그러나 그 이름은 아직 객관화된 이름이 아니다. 그 이름은 (개체가 아닌) 배아에게 붙여주는 임시적인 이름일 뿐이다. 나는 아직 미완성이다. 그렇지만 나는 여전히 무언가가 되어가고 있다. 나는 살아 있다. 그리고 그 과정에 체육관 사람들이 함께 놓여 있다. 우리는 살아 있다. 물론 그들은 나와 다르다. 그러나 우리는 서로 닮았다. 아니, 서로 닮아가고 있다. 우리는 함께 무언가가 되어가고 있다. 여기는 미결정성으로 가득한 개체화의 장이다. 이곳에서 우리는 객관화되기 이전의 우리를 발견할 수 있다. 분화는 나중의 일이다. 그렇기 때문에 체육관 안에서는 너 나 할 것 없이 아직 모두 미완성이다. 우리는 함께 무언가가 되어가기 위해 오늘도 마루 위에서 뛰고 있다. 서로의 몸 기술을 예의 주시하며 모방하고 서로의 몸을 링 위에서 맞부딪치며 변형시킨다. 그러면서 우리는 함께 태어난다. 그리고 이때 나는 유사 친족 관계의 발생을 목격한다. 물론 "유사 친족 관계"라는 학문 용어의 선택은 전적으로 나의 책임이다. 그러나 그러기에 앞서 체육관 사람들은 "거인체육관 사람"들을 "거인체육관 식구"들로 인지하고 지각하는 데 아무런 어려움을 느끼지 않는다. 오히려 체육관 식구들은 그 관계성을 관념적으로 인지하기에 앞서 감각적으로 지각한다. 그곳에는 체육관 식구들이 있다. 그곳에서 사람은 태어나기 이전부터 이미 혼자가 아닌 것이다.

다시 한번 질문을 환기하자. "나는 왜 거인체육관에서 굳이 맞고 때려가면서 권투를 하는가?" 그리고 질문에 대한 대답으로 목적이나 이유가 아닌 분투의 결과를 제시해도 무방하다면 대답하자. "거인체육관에 가면 함께 꿈꾸며 뗄 수 있는 체육관 식구들이 있다. 나는 이제 거인체육관에 가면, 아니 그곳에 가야 몸과 마음이 편안해진다." 그렇다. 나는 갈 곳이 생겼다. 그리고 나도 모르는 사이에 몸으로 맺어진 식구들도 생겼다. '한 달에 9만 원'으로 표상되는 '헝그리'한 몸 투기의 대가로 이 정도면 과분하지 않은가. 그럼에도 불구하고 그곳의 문은 오늘도 누구에게나 열려 있다.

VII. 세기의 졸전

　땡! 땡-땡, 땡. "땡" 하고 울리는 공 소리와 함께 경기는 끝났다. 환호. 꽁꽁 묶어두었던 성스러움이 아낌없이 남김도 없이 풀어헤쳐져버린 희귀한 상황. 헝그리 정신의 완전연소는 환호의 재 가루를 사방에 흩뿌리며 만신창이가 된 두 선수의 몸 구석구석을 곱게 치장한다. 무대 위의 잿더미. 파괴된 제물. 고통 받는 자와 바라보는 자는 완전히 분리되고, 죽었으나 죽지 않았고 살았으나 살아 있지 않은 지금의 그 무기적 생명체들은 이제 더 이상 인간이 아니다. 아마 "세기의 대결"의 마지막 장면은 그러해야 했을 것이다. 그런데 만약 제물이 파괴를 거부한다면?

　… 그러나 그냥 그러고 말기에는 '세기의 대결'이라는 이름값이 너무 컸다. 그동안 수많은 기록과 이야기, 또 상

징과 의미들이 켜켜이 쌓이고 쌓여 지층을 이뤘다. 적어도 수천만 명이 기다린 시합이었다. … 정녕 모두가 바란 것은 승패를 떠나 피와 살이 튀는, '박 터지는' 경기였다. 파퀴아오가 불꽃같은 연타를 쏟아붓고 메이웨더가 물러서지 않는, 폭풍 같은 난타전에 서로 몇 번씩 다운됐다가도 다시 일어나 주먹을 맞부딪치는. 파퀴아오의 돌주먹에 '프리티 보이' 메이웨더의 얼굴이 처음으로 무너져 내리는, 상상만 해도 피가 끓는 그런 경기 말이다. 사실 '세기의 대결'이라는 이름값에는 그 정도 했어야 맞다. … 시대의 마감이다. 스포츠와 복싱의 역사에서 하나의 시대가 막을 내린 셈이다. 이제 다시는 그 정도의 대결을 볼 수 없을지도 모른다. 새로운 스타가 탄생한다 해도 그만큼의 커리어와 스토리를 만들기 위해서는 십수 년이 걸릴 것이다. 이번 대결에 많은 이들이 아쉬워하고, 또 아쉬움을 넘어 분노하기까지 한 건 그 때문이다. 우리 시대 마지막 '세기의 대결'이 될지도 모른다는 것을, 많은 이들이 직감했다. … 딱 경기가 시작하는 순간까지 '누가 이길까', '어떻게 이길까'로 오랜만에 많은 사람들이 즐거웠다. … 잔치는 그렇게 막을 내렸다. 한 시대의 마감이다 (SBS 2015년 5월 7일).

"세기의 대결"이라는 이름이 붙었던 그 경기가 끝나자마자 구름같이 모여들었던 바라보는 자들은 바람보다 빠르게 흩어졌다. 그리고 실망했다. 아니, 실망을 넘어 분노했다. "세기의 대결"은 곧바로 "세기의 졸전"이라는 악명을 획득했다. 야유가 쏟아졌다. 실패인가 오류인가. 적어도 첫 번째 공이 울리기 전까지는 완벽했다. 스스로 묶을 수 있을 만큼 잔뜩 쥐어짜 묶어낸 바싹 마른 몸들은 그날의 희생 제의가 "세기의 대결"로서 손색이 없음을 감각적으로 증명했다. 기름기 하나 없이 잘 다듬어진 제물은 아름다웠고 파괴를 앞두고 긴장감은 최고조가 되었다. "세기의 대결"은 그렇게 역사를 위해 완성될 것 같아 보였다. 하지만 정작 제물은 파괴를 거부했다. 너무나 인간적인 제물의 선택. 제물이 아닌 인간의 인간적인 선택. 실패도 아니고 오류도 아닌 유기적 생명체로서의 삶을 향한 의지는 죽음을 향한 본능을 어렵지 않게 아무것도 아닌 것으로 만들어버렸다. "세기의 대결"과 "세기의 졸전" 사이에는 '그 무엇도 아닌 다름 아닌 그냥 살고자 하는 인간'이 바로서 있었다. 그런데 만약 제물이 파괴를 거부할 수 없었다면?

링에 살다 간 김득구 … 서러운 사연을 딛고 한 방의 주먹으로 후련하게 세계를 안아보려던 야생마 김득구. 그가 보여준 투혼은 남달랐기에 오히려 장엄했다. … 김득구는 백인의 우상이자 WBA 라이트급 챔피언 레이 멘시니에게 도전, 그와 처절한 난타전을 벌여나갔다. 이에는 이 빨로, 한 치도 물러서지 않는 그의 승부욕은 한국인의 의지로 표현되기에 족했다. … 그러나 한국 선수의 고질인 체력 열세는 김득구에게도 예외는 아니었다. 경기 후반 허덕이던 김득구는 14회 초 멘시니의 강한 라이트 한 방에 그대로 침몰, 영영 돌아오지 않는 선수가 되고 말았다. 이 경기는 금년의 5대 타이틀전의 하나로 기록됐다. 그것은 김 선수의 강한 투혼에 의해 얻어진 소산이었다. 인간의 위대함을 적나라하게 펼쳐 보인 김득구. 그래서 그는 꺼지지 않는 등불로 만인의 가슴에 오래도록 살아 있게 될 것 같다(『동아일보』 1982년 12월 24일).

프로 권투의 의미가 희생 제의라는 형식 안에서 고정될 때, 사각의 링 안에 들어선 혹은 그 위에 올라선 권투 선수들은 희생 제의의 본질적 행위를 스스로 완성하기 위해 반드시 제물로서 서로가 서로를 파괴해야만 한다. 제물은 파괴를 거부할 수 없다. 인간의 위대함을 적나라하게 펼쳐 보인 후 꺼지지 않는 등불로 완전히 승화되어야 할 뿐. 그리고 그렇게 의미가 고정될 때에야 비로소, 안/위에서 무언가 한 차원 높은 특별한 사건이 벌어지기를 기대하며 바라보는 자들의 존재가 정당화될 수 있다. 안과 밖 그리고 위와 아래의 완전한 분리. 기대감을 채워줄 의무는 오롯이 안/위에 고립되어 고통 받는 자들의 몫으로만 남겨진다. 결과적으로 역사를 위해 "세기의 대결"을 완성한 김득구는 '그 무엇도 아닌 다름 아닌 그냥 살고자 하는 인간'이 아니었던 것으로 기록된다. "죽이는 거 아니면 죽는 거 둘 중 하나겠지…"라며 죽음을 본능으로 체화한 김득구는 그렇게 고정된 의미 안에서 꺼지지 않고 죽음으로써 주어진 형식 안에 완전히 복종한다. "나만 열심히 하면 되는 거거든. 남들이 열 번 뻗을 때 난 열다섯 번 스무 번 뻗으면 되는 거거든!" 최선을 다한 '할 수 있는 자'의 고독한 자기 외침은 시작부터 이미 수렴의 끝을 향하고 있었다.

최선을 다하지 않은 "세기의 졸전"은 위가 위이기를 거부하고 안이 안이기를 거부한 희대의 사건이다. 어느 철학자의 표현을 빌리자면 그것은 할 수 있음에 대한 자기부정인 "할 수 있을 수 없음"(한병철, 2015: 29-48)을 통해서 모습을 드러낸 일종의 자기 실패이다. 실패의 변증법. 할 수 있음의 극한을 전시하려 했던 기획은 엉뚱하게도 할 수 있음의 부재만을 전시하고 실패로서 폭발한다. 그런데 그 실패의 여파가 상당하다. 형식은 안으로부터 부서지고 고통 받는 자와 바라보는 자를 가르고 있던 경계는 삽시간에 무너지고 흐트러진다. 결과적으로 링 밖에서 빗발친 분노의 야유는 절대적이라 여겨졌던 단단한 본질이 깨지고 터지고 갈라지면서 발생한 날카로운 혼란의 파열음이었던 것으로 판명된다. 폭발 후 사건의 현장에 남은 자들은 아무도 없다. 할 수 있는 자도 고통 받는 자도 바라보는 자도 모두 사라졌다. 단지 '그 무엇도 아닌 다름 아닌 그냥 살고자 하는 인간'이 남았을 뿐이다. 그리고 이때 프로 권투의 의미는 '그땐 그랬지'라는 흔적만을 남긴 채 희생 제의라는 형식으로부터 슬쩍 벗어난다. 땡! 땡-땡, 땡. (땡.) 경기는 끝났다. 프로 권투도 끝났다.

역설적이지만, 파국적 재난은 뜻하지 않게 구원으로 역전된다(한병철, 2015: 28). 이와 마찬가지로 "세기의 졸전"은 뜻하지 않게 새로운 의미로 역전되어 할 수 있음의 피안으로 우리를 인도한다. 그리고 그곳에서, 주체의 에고를 확인해주는 거울로 전락해버렸던 타자(한병철, 2015: 20)는 나를 매혹시키는 동시에 내가 갈망하는 타자(한병철, 2015: 18)로 다시 태어나 비로소 그 비밀스런 얼굴을 드러낸다(한병철, 2015: 48). 다르다는 것의 부정성, 즉 할 수 있음의 영역을 완전히 벗어난 나와 다른 타자(한병철, 2015: 40)는 일종의 선물이 되어(한병철, 2015: 21) 자기 자신 속으로 침몰하며 익사해가던 주체를 나르시시즘의 지옥으로부터 해방시킨다(한병철, 2015: 20). 어렵게 말했지만 쉽게 말해 나와 다른 너는 이제 더 이상 남이 아니다. "죽이는 거 아니면 죽는 거 둘 중 하나겠지…"라는 낡은 구호는 폐기되고, 폐허가 된 자리에서는 놀랍게도 "너도 살고 나도 살자!"라는 새로운 구호가 피어난다. 그런데 이 공평의 감각이 왠지 익숙하다. 우리는 이미 이 유쾌하고 명랑한 상생의 구호를 몸으로써 몸으로서 경험한 바가 있지 않은가. "시원하게 맞았다!" 몸 투기. 할 수 있음의 피안은 닿을 수 없는 저 먼 곳이 아니라 오히려 우리가 직접 발을 놀리고 몸을 맞부딪치며 땀 흘리던 그곳에 있었다. 땡! 땡-땡. 땡. 경기는 끝났다. 프로 권투도 끝났다. 그러나 몸 투기는 끝나지 않는다. 아니, 그 삶의 투기는 오히려 끝났기 때문에 다시 한번 새롭게 반복된다. (땡.)

부록: 거인권투체육관의 구조 아닌 구조에 관하여

1. 구조? 반구조?

거인권투체육관의 안과 밖을 가르는 물리적 경계는 명확하다. 서울시 영등포구 문래동3가에 위치한 낡은 콘크리트 건물의 일정 부분을 점유하고 있는 체육관의 물리적 공간을 수학적으로 실측하는 데에도 큰 어려움은 없다. 삐걱거리는 문을 열고 체육관에 들어선 사람이라면 누구나 의심할 여지 없이 어제의 그 자리에 오늘도 그대로 위치한 마루와 링 그리고 빽의 실재를 확인할 수 있다.

그 공간에는 끊임없이 사람들이 드나든다. 고정된 것으로 쉽게 상상할 수 있는 물리적 공간으로서의 거인체육관에 사람들의 흐름이 덧붙여지는 순간, 그곳은 이제부터 시간과 공간이 얽혀 있는 유동의 시공간으로 새롭게 설정된다. 그리고 여기에 "공간의 사회적 생산(the social production of space)"과 "공간의 사회적 구성(the social construction of space)"을 구분하고 각각의 개념을 '공간이 형성되는 과정에서의 경합'과 '형성된 공간에서의 경합'의 차이로 구체화한 어느 인류학자의 논의(Low, 1996: 861-863)를 더하면, 이미 형성된 공간에서 흐르는 사람들에 의해 경합이 벌어지는 거인체육관의 시공간성에는 '사회적으로 구성된 시공간'이라는 새로운 의미가 부여된다. 그럴 경우, 거인체육관이라는 사회적 시공간의 독특한 구성 원리를 설명해보기 위해 기존 인류학의 논의 가운데 특히 '사회구조(social structure)'의 문제를 중점적으로 다룬 하나의 논의를 초대할 수 있게 된다.

은뎀부족(Ndembu) 의례의 상징적 구조와 그 구조의 의미론에 천착한 인류학자 빅터 터너는 의례의 리미널한[1] 단계에 대한 사회적 속성을 탐구하기 위해 특별히 사회적 상호 관계성의 메타구조적 양상에 관심을 기울인다(Turner, 1969: xv-xvi). 그런데 "사회적 상호 관계성의 메타구조적 양상(meta-structural modality of social interrelationship)"이라는 그럴싸하지만 알쏭달쏭한 이것은 도대체 무엇인가? 물론 이를 이해하기 위해서는 터너의 연구 안으로 조금 더 깊숙이 들어갈 필요가

---

1 앞(본론)의 각주 16 참조.

있다.

  터너는 하나의 단위 사회인 은뎀부족에 체류한 경험을 바탕으로 (기존의 구조기능주의적 인류학 연구가 주목하지 않았던) 집단의 가치가 총체적으로 표출되는 '의례(ritual)'를 새로운 인류학 연구의 대상으로서 주목한다(Turner, 1969: 5-6). 그러고는 의례를 구성하는 기본 요소를 '상징(symbol)'이라 부르면서 연구자가 내부자의 관점에서 의례를 분석해 그 구조 안으로 들어가 상징을 발견하고 그것의 의미를 해석해(Turner, 1969: 14-15) 다시 상징의 의미 구조를 구성할 때(Turner, 1969: 10-11), 사회 구성원들의 인지적 측면과 감정적 측면을 아우르는 그 사회의 총체성에 대해 이해할 수 있다고 주장한다(Turner, 1969: 42-43). 나아가 상징의 다의성과 분류 체계의 유연성을 강조하면서 '문화적으로 인식되고 정형화된 상황'에 대한 유형학을 제안하는데, 왜냐하면 모든 종류의 상황에 통용될 것으로 생각되는 단 하나의 분류 체계는 존재하지 않고 오히려 서로를 가로지르는 다른 종류의 분류 단면들이 단지 일시적으로 연결될 수 있을 뿐이기 때문이다(Turner, 1969: 41). 이러한 방법론적 관점을 은뎀부족의 실제 사례에 적용할 때, 생식력의 결핍으로 여겨지는 불임을 치료하는 '이소마(Isoma)' 의례는 불행한 개인에 대한 복리후생, 즉 집단의 배려로 유형화될 수 있고(Turner, 1969: 43), 생식력의 과잉으로 여겨지는 쌍둥이의 출산을 처리하는 '우브완(Wubwang'u)' 의례는 다듬어지지 않은 야생의 활력을 사회질서에 봉사하는 수단의 하나로 길들이는 사회적 과정으로 유형화될 수 있다(Turner, 1969: 92-93). 다시 말해 은뎀부라는 사회는 불임이나 쌍둥이의 출산과 같이 공동체의 기존 질서를 교란하는 특수한 상황들을 문화적으로 인식하고, 그 상황들을 정형화해 각각의 유형에 맞는 의례를 형식화함으로써 구조화된 질서에 대한 지향이라는 집단의 가치를 표출하는 것이다. 그리고 이와 같이 질서가 교란되는 상황적 특수성과의 변별적 차이를 통해 그 모습을 드러내는 구조적 보편성의 문제는 터너가 강조한 "사회적 상호 관계성의 메타구조적 양상"이라는 것을 이해할 수 있는 하나의 실마리가 된다.

의례라는 구체적 상황에 대한 경험적 연구를 통해 질서의 유지라는 사회적 기능의 보편성을 포착한 터너는, 아놀드 방주네프에 의해 이미 "장소, 상태, 사회적 위치, 나이 등의 모든 변화를 동반하는 의례"라고 정의된 통과의례를 해체하고 재조립하면서 장소, 상태, 위치, 나이, 신분, 직무 등의 모든 용어를 '상태(state)'로 포괄하고 통과의례의 과정에서 필연적으로 발생하는 상태의 변화를 '전이(transition)'라고 다시 개념화한다(Turner, 1969: 94-95). 즉 모든 사회는 어떤 상태에서 또 다른 어떤 상태로의 전이를 사회적으로 의례화/형식화하고 있고 이 전이의 과정에서 질서의 유지라는 구조적 보편성에는 괄호가 쳐지기 마련인데, 이때 괄호 쳐진 구조가 바로 구조에 대립하는 반구조(anti-structure)이자 '구조-커뮤니티'가 일시적으로 허물어지는 메타구조적 양상으로서의 '코뮤니타스(communitas)'라는 것이다(Turner, 1969: 96-97). 요컨대 괄호 쳐진 구조는 구조가 아니라 {구조}²이다. 그런데 사회구조가 존재하지 않는 곳에 출현하는 이 반구조-코뮤니타스는 사회구조의 여러 국면과 병치되고 교배되어서만 분명해지고 접근

2   "메타구조적 양상(meta-structural modality)"은 터너가 직접 사용한 표현 (Turner, 1969: xvi)이고 "괄호 쳐진 구조"는 내가 만들어낸 표현이다. 이는 내가 '메타'란 무엇인가를 이해하기 위해 분투하는 과정에서 알프레드 타르스키의 "의미론적 진리 이론"(Tarski, 1944)을 빌려 나름대로 정리한 형식이다. 타르스키는 형식 언어 내에서 적용되는 진리 술어를 정의하는 한 가지 방식을 제안하면서, 진리의 정의가 적용되는 영역의 언어인 대상언어와 진리의 정의 그 자체가 이루어지는 영역의 언어인 메타언어를 구분한다(Tarski, 1944: 349-351). 여기서 '진리의 문제'는 지금 논의할 대상이 아니기 때문에 차치하고 대상언어와 메타언어의 구분 자체에 집중하면, 적어도 "눈은 하얗다"와 '"눈은 하얗다"라는 문장'을 구분하는 것과 이때 사용된 인용 부호 " "가 대상언어를 메타언어로 전환시키는 역할을 한다는 것을 이해하는 데에는 큰 어려움이 없다. '눈은 하얗다-대상언어'와 '"눈은 하얗다"-메타언어'의 구분. 이러한 논리적 맥락을 바탕으로, 나는 '대상'과 '메타'의 구분을 (1차 층위, 2차 층위 … 와 같은) 층위의 구분으로 정리하고 { }라는 기호로서 형식화한다. 정리하면 구조의 메타구조인 {구조}는 구조와는 다른 층위에 존재하는 무언가이다.

가능해진다(Turner, 1969: 126-127). 왜냐하면 반구조-코뮤니타스는 구조-커뮤니티로 대표되는 하나의 집단이 일시적으로 지나가는 과정적 부분으로서 집단의 질서 전체에 포함되고, 오히려 집단의 질서가 반구조-코뮤니타스의 과정을 거치면서 더욱 강화되는 것이 일반적이기 때문이다. 이에 대해 노자의 표현을 빌려 다시 정리하면 반구조-코뮤니타스는 독립적인 '상태'가 아니라 상태와 상태 사이의 상호 관계성의 중심에 비어 있는 무지용(無之用)으로서의 '전이'이다.[3] 결과적으로 지금까지 설명한 "사회적 상호 관계성의 메타구조적 양상"에 대한 논의를 간단하게 도식화하면 다음과 같다.

---

[3] 터너는 (게슈탈트심리학에서 전경(figure)과 배경(ground)이 서로가 서로를 규정하듯이) 코뮤니타스가 사회구조와의 관계 속에서만 분명해지고 접근 가능하다고 힘주어 설명하면서 "노자의 수레바퀴"를 예로 든다(Turner, 1969: 127). 이는 『도덕경』 11장 —「무지용(無之用)」의 일부분인 "三十輻共一 當其無有車之用"에 해당되는 것으로, "서른 개의 바퀴살이 하나의 살통으로 모이는데, 그 살통의 중심이 텅 비어 있음으로써 수레의 쓰임이 있다"는 뜻이다. 수레바퀴라는 구조의 중심에 텅 빈 채 존재하는 구조 아닌 반구조. 그런데 나는 철학적으로 너무나 매력적인 이 비유적 설명에 대해 분류 체계적으로 단순한 물음 두 가지를 제기하고자 한다. 첫째, 구조(커뮤니티)와 반구조(코뮤니타스)의 대립을 상태와 전이의 대립에 동일시할 수 있는가? 둘째, 구조와 반구조가 맺고 있는 관계 자체에 대해 물을 수 있지 않은가?

구조	커뮤니티	상태	있음	전체	구조
반구조	코뮤니타스	전이	없음	부분	{구조}

이제 이 도식을 바탕으로 거인체육관이라는 시공간의 독특한 사회구조적 특성에 대해 설명해보자. 앞서 본론에서 언급했듯이 거인체육관에서 프로 선수와 일반인은 같은 시공간에서 함께 뒤섞인다. 물론 여기서 프로 선수와 일반인의 이항 대립은 절대적이지 않고 상대적이다.[4] 초심자 일반인 중에도 훈련에 임하는 마음가짐과 몸가짐만큼은 프로 권투 선수의 그것 못지않은 사람이 있을 수 있고, 프로 권투 선수 중에도 이제는 권투에 총력을 다할 마음가짐과 몸가짐이 사라진 일반인과도 같은 사람이 있을 수 있다. 중요한 것은 거인체육관 선체를 하나의 구조로 설정할 때 그 구조를 지향하는 혹은 그 구조에 구속된 세력과 구조에 반하는 혹은 그 구조와 상관

---

[4] 또한 여기서 '프로 권투 선수'와 '일반인'은 사물/사태를 지시하는 기표로서 그 어떤 내재적 의미를 갖지 않는다. 즉 기표가 기의(의미)를 모사, 지시, 반영하는 것이 아니라 기표들의 차이를 통해서 기의가 발생하는 것으로서 기표와 기의의 결합은 임의적이다(Saussure, 1959: 65-70). 다시 말해 A라는 훈련자는 B라는 훈련자와의 차이를 통해서 '프로 권투 선수'라는 기표 혹은 '일반인'이라는 기표를 획득할 수 있다.

없는 세력 사이의 차이가 발생하지만, 그럼에도 불구하고 그 차이가 가시적으로 서로 뒤섞인다는 점이다. 그리고 이 뒤섞임의 상황은 항상(恒常)이 아닌 임의의 시공간에서 가변적으로 발생한다. 예를 들어 사전에 거인체육관을 경험한 적 없는 낯선 누군가가 우연히 체육관을 방문해 그 분위기에 대해 관찰한다고 할 때, 어떤 낯선 이에게는 프로 권투 선수의 진지한 훈련이 중심이 된 강도 높은 분위기가 관찰될 수 있는 반면, 또 다른 낯선 이에게는 이곳이 권투 체육관이 맞긴 한건가라는 의문이 들 정도의 강도 낮은 분위기가 관찰될 수 있다. 다시 말해 문을 열고 체육관에 들어선 훈련자들의 마음가짐과 몸가짐의 강도에 따라 거인체육관은 때때로 구조적 시공간으로 현실화되기도 반구조적 시공간으로 현실화되기도 하는 것이다.

그런데 지금 내가 자의적으로 구별한 구조와 반구조의 강도 차이를 터너가 소규모 단위 사회에 대한 분석을 통해 도식화한 구조와 반구조의 차이와 동일시하는 것은 정당한가? 아니다. 적어도 두 가지 측면에서 그렇지 않다. 우선 하나는 터너가 분석한 (소위 원시사회로서의) 소규모 단위 사회가 외부 사회의 존재를 고려할 필요가 없는 폐쇄된 상황인 반면, 내가 분석한 (소위 현대사회로서의) 거인체육관은 외부 사회의 존재가 전제되어 있을 뿐만 아니라 그 외부 사회와의 관계 자체가 거인체육관의 구조적 특성에 중요한 영향을 미치는 열린 상황이라는 측면이다. 그리고 다른 하나는, 터너가 개념화한 반구조가 구조-상태를 강화하는 일시적 상황이자 전체에 포함되고 그것을 지향하는 부분적 상황으로서의 반구조-전이인 반면, 내가 다시 개념화하고자 하는 반구조는 외부 사회와의 관계에 의해 발생하는 하나의 독립적인 상태로서 구조-상태와 대등한 관계에서 대립하는 상황으로서의 반구조-상태라는 측면이다. 그리고 이 두 가지 측면의 정당하지 않음 혹은 정당할 수 없음은, 터너의 구조-반구조 도식으로 (동질적이지 않은 불특정 다수의 사람들이 시공간적으로 압축된) 현대사회를 분석하려 시도할 때 발생할 수밖에 없는 필연적인 한계이다.

가령 은뎀부족의 입회식이나 성인식과 같은 리미널한 의례적 상황에서 발생하는 강한 동료 의식과 평등 의식(Turner, 1969: 95)을 현대사회에서 '진지한 여가'로 의미가 격상된 스포츠의 영역인 마라톤 동호회나 조기 축구회 등의 상황에서 발생하는 (계급, 종교, 출신 지역, 연령, 젠더 등의 측면에서 보자면 상이한 사회집단에 속하는 사람들을 하나로 묶어주는) "강렬한 유대감"(황익주, 2011: 256; Sharpe, 2005: 255-257)으로 확장하려고 시도할 경우에, 의례적 상황에서의 일시적 반구조가 확정적으로 그것과 관계를 맺고 있는 구조를 강화하는 기능을 하는 것과 달리, '진지한 여가'적 상황에서의 반구조는 그것이 다시 구조를 강화하는지 어떤지에 대해 논의하기에 앞서 과연 그것이 어떤 구조에 대한 반구조인지조차 해명하기 힘든 한계가 있다.[5] 그렇다면 터너의 도식을 원시사회의 의례적 상황이 아닌 현대사회의 다양한 상황에 적용하는 것은 불가능한가? 혹은 보다 국소적으로 이 논의의 주제에 맞게, 구조와 반구조의 도식을 거인체육관의 구조적 특성을 설명하기 위해 적용하는 것은 불가능한가? 그렇지 않다. 그리고 그렇지 않기 위해서는 터너의 도식에 대한 고의적인 오독이 요구된다.

터너의 도식에서 구조는 상태이고 반구조는 전이이다. 그리고 구조-상태와 반구조-전이는 하나의 연속적인 과정에

[5] 터너는 본인이 소규모의 은뎀부족 사회의 의례를 분석함으로써 도출해 낸 '반구조-리미널리티-코뮤니타스'라는 개념의 보편성이 보다 큰 규모의 현대사회에 그대로 적용될 수 없는 한계에 대해 간파한다(Turner, 1982: 29-30). 이를 극복하기 위해 그는 현대사회를 일과 여가의 영역으로 분리하고 일이 아닌 여가의 영역에서 발생하는 놀이적 특성과 창조적 특성에 주목해 리미널리티와 유사하지만 그것보다 독립적이고 자유롭고 개인적인 상황을 '리미노이드(liminoid)'라는 개념으로 포착한다(Turner, 1982: 32-33; 52-55). 그런데 이 개념은 (그것의 엄밀성에 대한 논의와 별개로) 거인체육관의 독특한 시공간적 구조를 설명하는 데에 있어 여전히 한계를 갖는다. 왜냐하면 '누구에게나 문이 열려 있는 정통 프로 권투 체육관' 거인체육관은 어떤 이에게는 일의 시공간인 한편 어떤 이에게는 여가의 시공간이기 때문이다.

속한 대립 항으로서 동시에 공존할 수 없다. 그런데 이 도식을 현관문의 문지방(threshold)을 경계로 안과 밖이 명확히 갈리는 거인체육관에 그대로 적용해보면, 거인체육관의 내부는 한편으로 바깥 사회의 구조적 시공간에 대비해 반구조적이라고 할 수 있지만 다른 한편으로 그 자체로서 하나의 사회라는 점에서 구조적이라고 할 수 있다. 즉 거인체육관은 사회의 질서가 유지되는 구조-상태인 동시에 그 질서가 허물어지는 반구조-전이인 것이다. 정리하면 터너의 도식에서 구조-상태와 반구조-전이는 서로 대립하기 때문에 동시에 공존할 수 없는데 거인체육관의 시공간에서는 그 대립 항이 동시에 공존한다. 역설. 그런데 이 역설을 풀어야 거인체육관의 독특한 구조적 특성에 대해 온전히 설명할 수 있다.

    해법(오독)은 의외로 간단하다. 애초에 터너가 사용했던 방법 그대로, 괄호를 한번 쳐보자. 터너가 구조-상태와 반구조-전이를 구별하고 구조-상태에 괄호를 침으로써 {구조-상태}를 반구조-전이로 개념화했듯이, 터너의 전이와 거인체육관의 전이를 구별하고 터너-전이에 괄호를 치면 {터너-전이}는 거인체육관-전이로 다시 개념화할 수 있다. 다시 말해 거인체육관의 독특한 시공간에서 반구조는 전이가 아니라 "전이"라는 상태로서의 {전이}가 되는 것이다. 이를 보다 추상화시켜 일반화하면 모든 사회는 상대적으로 안정한 상태인 사회구조-상태와 상대적으로 불안정한 상태인 반구조-상태 사이의 이항 대립과 그 이항 대립을 가로지르는 또 다른 차원의 전이로 구성된다고 할 수 있다. 결과적으로 지금까지 설명한 '상태와 전이'에 관한 논의를 간단하게 도식화하면 다음과 같다.

구조	상태	질서의 있음
반구조	{전이}라는 상태	{질서의 없음}의 있음

이제 프로 권투 선수와 일반인의 혼재라는 거인체육관의 독특한 구조적 양상을 구조라는 상태와 반구조라는 상태의 공존으로 설명할 수 있게 되었다. 그런데 프로 권투 선수는 일반인으로 변할 수 있고 일반인은 프로 권투 선수로 변할 수 있는 가변성 또한 거인체육관의 독특한 구조적 양상이라는 것을 앞서 밝힌 바 있다. 그리고 여기서 나는 구조-상태와 반구조-상태 사이의 이항 대립을 가로지르는 이 가변성을 '가변성-전이'라고 새롭게 명명하고자 한다. 그럴 경우 거인체육관이라는 시공간의 독특한 사회구조는, 구조-상태와 반구조-상태 사이의 이항 대립이 '가변성-전이'의 매개 작용에 의해 끊임없이 교차되는 혹은 '가변성-전이'의 역동성이 구조-상태와 반구조-상태의 고정성을 압도하는, 구조도 아

니고 반구조도 아닌 말 그대로 구조 아닌 구조로서의 '안구조 (non-structure)'로 새롭게 개념화[6]될 수 있다.

6   인류학을 '해석적 과학'으로 명명하고 그것의 이론화에 대해 고찰하는 클리포드 기어츠에 따르면 "이론적 관념들은 연구마다 완전히 새롭게 만들어질 수 있는 것이 아니고, 다른 관련된 연구들로부터 채택되어 세련화 과정을 거쳐서 새로운 해석적 문제들에 적용된다."(기어츠, 2009: 43) 특히 "작은 일들로부터 시작해서 점차 보다 넓은 해석으로, 보다 추상적인 분석으로 나아가는 특징이 있는"(기어츠, 2009: 35) '민족지 기술(ethnographic description)'을 방법론적 전제로 삼는 해석적 과학으로서의 인류학에서, 사례로부터 멀어진 이론은 진부하거나 공허할 수밖에 없기 때문에 인류학의 이론은 본질적으로 "여러 사례에 적용되도록 일반화시키는 것이 아닌 각 사례들의 내부에서 일반화시키는 것 (not to generalize across cases but to generalize within them)"이어야 한다(기어츠, 2009: 41). 비록 내가 기어츠의 '해석적 과학'이라는 거대 담론 모두에 동의하는 것은 아니지만, 적어도 그가 주장한 '사례들의 내부로부터 일반화시키는 작업으로서의 이론화'라는 논의에는 전적으로 동의한다. 그리고 나는 이 이론화에 대해 소심하지 않게 '민족지적 이론화 (ethnographic theorization)'라고 명명하고자 하며, 이 방법을 따라 터너의 사회구조 이론을 거인체육관에서 발생하는 사례들에 직접 적용해본 결과로서 거인체육관만의 독특한 시공간적 구조 그 자체에 대해 그 어떤 개념어의 번역어가 아닌 사례 안으로부터 도출해낸 민족지적 개념으로서 '안구조'라고 새롭게 명명하고자 한다.

2. 구조 안으로

오전 11시부터 오후 11시까지 하루의 절반에 해당하는 시간 동안 거인체육관의 문은 항상 열려 있다. 그렇기 때문에 체육관에는 사람들이 자유롭게 흐르고, 어떤 때에는 훈련이 중심이 된 강도 높은 구조적 공간이 현실화되는 한편 또 다른 어떤 때에는 훈련과는 거리가 먼 강도 낮은 반구조적 공간이 현실화된다. 즉 거인체육관의 공간적 구조는 시간의 흐름에 따라 불규칙적으로 변하는 강도의 차이에 의해 규정되는 것이다. 그리고 나는 일부러 터너의 이론을 오독함으로써 이 특유의 시공간적 구조에 '안구조'라는 새로운 이름표를 붙였다.

그런데 이것은 거인체육관 안에 있던 연구자가 그것의 시공간 바깥으로 한 차원 빠져나가 그 시공간을 반성적으로 객관화/대상화할 때에만 붙일 수 있는 메타 이름표이지 않은가? 만약 그렇다면 그리고 '안구조'를 구조 아닌 구조로서 섣불리 확정한다면, 거인체육관이 정통 체육관으로서의 순기능을 하는 임의의 순간 발생하는 공간적 구조에 대해 아무런 말도 할 수 없게 된다. 하지만 거인체육관은 권투 선수 양성을 일차 목표로 하는 정통 권투 체육관이다. 그리고 돌발 관원의 돌발 행동으로 대표되는 반구조-세력이 얼굴을 바꿔가며 꾸준히 등장함에도 불구하고 거인체육관이 정통 권투 체육관일 수 있는 이유는 성실하고 진지한 관원들로 대표되는 구조-세력의 강도가 세지는 순간들이 지속적으로 나타나기 때문이다. 그렇다면 적어도 그 순간에 대해, 만약 그 순간을 포착한다면 거인체육관의 공간적 구조에 대해 무언가 다른 말을 할 수 있을 것이다. 그럴 경우, 정통-프로-권투-거인체육관이라는 공시적 공간의 독특한 구성 원리를 설명하기 위해 기존의 인류학적 논의 가운데 특히 '사회구조'의 문제를 중점적으로 다룬 또 하나의 논의를 초대할 수 있게 된다.

피에르 부르디외는 소위 객관주의와 주관주의의 대립[7]으로 불리는 사회과학의 인식론적 대립을 포착할 수 있는 각

---

[7] 객관주의와 주관주의의 대립을 간명하게 정리하는 것은 불가능하다. 하지만 그것을 물질 실재와 상징-표상의 대립으로 간소화하는 것이 이어질 논의의 진행을 위해서는 유용할 것이다. 이에 대한 부르디외의 수많은 설명 중 하나를 인용하면 다음과 같다. "분류의 과학적 기획이라면 어떤 것이라도 다음과 같은 사실을 고려해야 한다. 즉 사회적 행위자는 상이한 두 가지 유형의 속성/자산에 의해 객관적으로 특징지어지는 것처럼 나타난다는 것이다. 한편으로 신체를 비롯한 물질적 속성들이 있는데 … 다른 한편으로 … 상징적 속성들이 있다. … 첫 번째 접근은 일상적인 경험으로는 완전히 접근할 수 없는 객관적 실재를 포착하고 분포들 사이의 (우연적이지 않다는 의미에서) 유의미한 법칙을 밝혀내는 것을 목표로 삼는다. 두 번째 접근은 실재 자체가 아니라 행위자들이 실재에 대해 갖게 되는 표상들을 그 대상으로 삼는다. … "(부르디외, 2013: 11-12)

별히 유익한 기회로서 사회계급이라는 문제에 특별한 관심을 기울인다(부르디외, 2013: 14). 그런데 지금 논의할 대상은 사회과학의 인식론적 대립도 아니고 사회계급이라는 문제도 아니며 단지 정통-프로-권투-거인체육관이라는 공시적 공간의 독특한 사회적 특성이다. 그럼에도 불구하고 부르디외의 사회계급론을 초대하는 이유를 다음의 인용문을 출발점으로 삼아 분명히 해보자.

> 계급 관계 구조는 계급 간 투쟁의 장의 (다소간 안정적인) 상태를 고정시키기 위한 공시적인 횡단면을 이용해야 비로소 얻을 수 있다. 각 개인이 이 투쟁 속에 집어넣을 수 있는 상대적인 힘이, 다시 말해 특정 순간의 다양한 유형의 자본 분배 상태가 그 장의 구조를 규정한다. 하지만 이와 마찬가지로 각 개인이 행사할 수 있는 힘은 투쟁의 핵심적인 대상에 대한 규정을 둘러싼 투쟁의 상태에 좌우되기도 한다. 투쟁의 정통적인 수단과 핵심적인 대상에 대한 규정은 실제로는 투쟁의 여러 대상 중의 하나로, 게임을 통제할 수 있는 여러 수단 — 다양한 종류의 자본 — 의 상대적 효율성 자체가 투쟁의 핵심적인 대상이 되며, 따라서 게임 과정에서 끊임없이 변하게 된다(부르디외, 2006: 443-444).

일 수 있는 이유는 성실하고 진지한 관원들로 대표되는 구조-세력의 강도가 세지는 순간들이 지속적으로 나타나기 때문이다. 그렇다면 적어도 그 순간에 대해, 만약 그 순간을 포착한다면 거인체육관의 공간적 구조에 대해 무언가 다른 말을 할 수 있을 것이다. 그럴 경우, 정통-프로-권투-거인체육관이라는 공시적 공간의 독특한 구성 원리를 설명하기 위해 기존의 인류학적 논의 가운데 특히 '사회구조'의 문제를 중점적으로 다룬 또 하나의 논의를 초대할 수 있게 된다.

피에르 부르디외는 소위 객관주의와 주관주의의 대립[7]으로 불리는 사회과학의 인식론적 대립을 포착할 수 있는 각

---

[7] 객관주의와 주관주의의 대립을 간명하게 정리하는 것은 불가능하다. 하지만 그것을 물질-실재와 상징-표상의 대립으로 간소화하는 것이 이어질 논의의 진행을 위해서는 유용할 것이다. 이에 대한 부르디외의 수많은 설명 중 하나를 인용하면 다음과 같다. "분류의 과학적 기획이라면 어떤 것이라도 다음과 같은 사실을 고려해야 한다. 즉 사회적 행위자는 상이한 두 가지 유형의 속성/자산에 의해 객관적으로 특징지어지는 것처럼 나타난다는 것이다. 한편으로 신체를 비롯한 물질적 속성들이 있는데 … 다른 한편으로 … 상징적 속성들이 있다. … 첫 번째 접근은 일상적인 경험으로는 완전히 접근할 수 없는 객관적 실재를 포착하고 분포들 사이의 (우연적이지 않다는 의미에서) 유의미한 법칙을 밝혀내는 것을 목표로 삼는다. 두 번째 접근은 실재 자체가 아니라 행위자들이 실재에 대해 갖게 되는 표상들을 그 대상으로 삼는다. … "(부르디외, 2013: 11-12)

별히 유익한 기회로서 사회계급이라는 문제에 특별한 관심을 기울인다(부르디외, 2013: 14). 그런데 지금 논의할 대상은 사회과학의 인식론적 대립도 아니고 사회계급이라는 문제도 아니며 단지 정통-프로-권투-거인체육관이라는 공시적 공간의 독특한 사회적 특성이다. 그럼에도 불구하고 부르디외의 사회계급론을 초대하는 이유를 다음의 인용문을 출발점으로 삼아 분명히 해보자.

> 계급 관계 구조는 계급 간 투쟁의 장의 (다소간 안정적인) 상태를 고정시키기 위한 공시적인 횡단면을 이용해야 비로소 얻을 수 있다. 각 개인이 이 투쟁 속에 집어넣을 수 있는 상대적인 힘이, 다시 말해 특정 순간의 다양한 유형의 자본 분배 상태가 그 장의 구조를 규정한다. 하지만 이와 마찬가지로 각 개인이 행사할 수 있는 힘은 투쟁의 핵심적인 대상에 대한 규정을 둘러싼 투쟁의 상태에 좌우되기도 한다. 투쟁의 정통적인 수단과 핵심적인 대상에 대한 규정은 실제로는 투쟁의 여러 대상 중의 하나로, 게임을 통제할 수 있는 여러 수단 — 다양한 종류의 자본 — 의 상대적 효율성 자체가 투쟁의 핵심적인 대상이 되며, 따라서 게임 과정에서 끊임없이 변하게 된다(부르디외, 2006: 443-444).

계급 간 투쟁이 벌어지는 공간인 장은 자본 분배 상태에 의해 규정된다. 그런데 그 규정 또한 실제로는 투쟁의 여러 대상 중 하나이다. 그렇지만 계급 관계 구조를 분석하기 위해서는 장의 다소간 안정적인 상태를 고정시키기 위한 공시적인 횡단면을 이용해야 한다. 그런데 공시적 횡단면으로서의 장은 투쟁할 수밖에 없는 행위자들의 작용과 반작용에 의해 움직이는 역동적 공간이다(이상길, 2000: 17에서 재인용). 돌고 도는 물레방아 같은 이 설명은 부르디외가 개념화하는 사회 세계의 공간성에 대한 것이다. 그것은 투쟁의 공간이자 투쟁의 목표 혹은 대상이다. 그렇기 때문에 장은 명제와 반명제의 중심축으로 구성되는 기본적 대립 항에 따라 형성되고(부르디외, 2006: 322), 장의 역학은 대립적인 경쟁을 하지만 객관적인 효과를 낳기 위해 서로 결합하여 협력하는 게임의 전략에서 찾을 수 있다(부르디외, 2006: 450-451).

그런데 게임은 누가 하는가? "하나의 장은 거기서 효력을 가지는 특수한 종류의 자본들에 대한 독점권을 확보하려는 목적으로 참가자들이 서로 경쟁하는 전투의 장과 유사한 투쟁과 경쟁의 공간"(최종철, 2006: 978)이기 때문에 이미 언급했듯이 게임은 장의 내적 구조에 구속되어 투쟁할 수밖에 없는 참가자-행위자들에 의해 벌어진다. 여전히 모호하고 동어반복적인 부르디외의 논리를 그럼에도 불구하고 정리하면 사회 공간은 장과 행위자의 존재론적 공모[8]에 의해 발생하는 구조이다. 그리고 지금의 논의를 통해 밝히고자 하는 것은 거인체육관이라는 사회 세계에서 정통 체육관을 지향하는 구조-세력의 강도가 세지는 특정한 순간에 발생하는 사회구조이다. 그렇다면 이제 부르디외의 사회계급론을 초대하는 이유가 보다 분명해진다. 정통-프로-권투-거인체육관이라는 장.

내가 직접 경험한 3년 남짓의 기간 동안 거인체육관이라는 공간에서 훈련이 중심이 된 정통의 강도가 최고조에 달한 때는 2012년 말, 겨울이 곧 시작될 무렵이었다. 당시 12월에 예정된 큰 경기를 앞두고 출전이 확정된 세 명의 선수는 모두 각자의 목표를 이루기 위해 강도 높은 구슬땀을 흘리고 있었다. 물론 권투 체육관의 독특한 구조적 특성상 경기에 참가하는 선수 이외의 일반 관원들도 같은 시공간에서 각자 나름의 방식으로 강도 높은 구슬땀을 흘리긴 매한가지였다. 그리고 이 무렵의 특정한 어느 순간의 공시적 횡단면[9]을 포착하는 것

---

[8] 부르디외는 객관주의를 대표하는 장과 주관주의를 대표하는 행위자 사이의 순환적인 인과관계를 아비투스라는 매개 개념을 사용해 '존재론적 공모'로 매듭짓는다.

[9] 체육관의 반구조적 특징 때문에 끊임없이 발생하는 신입 관원의 유입과 기존 관원의 유출은, "공시적 횡단면"(부르디외, 2006: 443)으로서의 장에서 위치 지어지는 고정 구성원들의 실천 감각의 논리를 흐트러뜨리고 체육관 내부 구성원들이 장과 아비투스의 조합에 의해 벌여야 할

은 부르디외의 사회계급론을 활용해 거인체육관이라는 장의 공시적 사회구조를 분석하기 위한 하나의 조건이 될 수 있다. 그뿐만 아니라 이 공시적 횡단면 위의 행위자들이 공유하는 구슬땀을 "각 성원이 참여해야 비로소 시작되고 그 안에 푹 빠져 들어가야 제대로 진행되는 투쟁(게임)"(부르디외, 2006: 451) 안으로의 입장권이라고 한다면, 구슬땀이라는 일루시오[10]는 거인체육관의 사회구조를 분석하기 위한 또 하나의 조건이 될 수 있다.

그렇다면 이제 문제를 설정해보자. 첫째, 정통-프로-권투-거인체육관이라는 장에서의 계급 관계 구조는 무엇인가? 둘째, 그들은 어떠한 변별적 기호를 배타적으로 전유하기 위해 투쟁하는가? 우선 첫 번째 문제에 대한 대답으로 가장 적합한 계급 관계를 이분법으로 표현하면 경기를 앞둔 프로 권

> 상징 투쟁을 무력화시킨다. 그리고 나는 이와 같은 체육관의 구조 아닌 구조를 이미 '안구조'라고 명명했다. 그럼에도 불구하고 지금의 논의에서 다시 공시적 횡단면을 끌어들이는 이유는 성실하고 진지한 관원들로 대표되는 구조-세력의 강도가 세지는 순간을 포착해 그 순간의 독특한 구조 자체에 대해 무언가 다른 말을 하기 위해서이다.

10 일루시오(illusio)는 게임의 장에 참여하는 사람들이 공유하는 게임과 내기물의 신성한 가치에 대한 집단적 신념으로서 게임의 조건이자 산물이다(이상길, 2000: 11-12에서 재인용). 바꿔 말해 그것은 문화 생산과 그 내기 돈에 대한 기본 인식의 생산과 재생산에 필수 불가결한 공모 관계이다(부르디외, 2006: 451).

투 선수와 일반인의 분화이다. 이러한 분화는 장의 구체적인 요구에 의해 오랜 시간 동안 몸이 길들여지는 교육의 과정(Wacquant, 2004: 59-60)이 축적된 역사의 산물(부르디외, 2006: 410)로서 이미 결정지어져 있는 몸의 실천적 속성에 의한 효과이다. 즉 프로 권투 선수는 일반인보다 의심의 여지 없이 권투를 월등히 잘할 수밖에 없는 것이다. 만약 이것을 권투-자본이라고 명명하면 프로 권투 선수와 일반인의 분화는 계급의 분화로 전환 가능하다. 왜냐하면 부르디외의 사회계급론에서 계급의 분화는 자본의 총량에 의해 결정되기 때문이다. 정리하면 정통-프로-권투-거인체육관이라는 장에서의 계급 관계는 그 장에 참여한 행위자의 몸이 권투-자본을 얼마나 가지고 있는가의 정도에 따라 프로 권투 선수-계급과 일반인-계급의 차이로 구조화된다.

다음으로 이제 두 번째 문제를 천천히 다시 곱씹어보자. 그들은 어떠한 변별적 기호를 배타적으로 전유하기 위해 투쟁하는가? 확정적으로 실력 차이가 나는 프로 권투 선수와 일반인이 권투-자본에 의해 계급 관계가 구조화되는 권투 체육관에서 그것 이외에 무엇을 독점하기 위해 싸울 수 있을까? 극단적으로 질문을 몰아붙이면, 도대체 일반인이 권투 체육관이라는 장에서 프로 권투 선수와 싸워서 이길 수 있는 것이 무엇인가? 그들은 프로 권투 선수에 비해 게임에 대한 감(Bourdieu, 1990b: 66)이 떨어질 수밖에 없고 실천적 믿음(Bourdieu, 1990b: 68)이 투철하지 않을 수밖에 없으며 그곳에서의 모든 행위가 덜 자연(Bourdieu, 1990b: 76)스러울 수밖에 없다. 왜냐하면 몸으로 배운 프로 권투 선수들은 지나온 과거/역사를 기억하는 것이 아니라 이미 그것이 축적된 몸으로써 수행하는 것이기 때문이다(Bourdieu, 1990b: 73). 그러나 그렇다고 해서 투쟁에서 이길 가능성이 없는 것은 아니다. 왜냐하면 구슬땀이라는 입장권으로 참여한 게임은 변별적 기호를 배타적으로 전유하기 위한 상징 투쟁이기 때문이다. 그리고 이 변별적 기호가, 구분하고 구분된 특정한 대상 전체를 전유할 수 있는 적성 능력인 "취향"(부르디외, 2006: 315-319)으로 설정될 때 게임의 양상은 사뭇 달라진다.

취향은 다양한 조건의 공간 안에서 차지하는 특정한 위치와 결부된 존재 상태와 연관된 여러 조건화에 의해 구성되는 분류 체계로, 바로 이 취향이 객체화된 자본, 위계화되고 위계화시키는 대상들의 세계와의 관계를 규정하며 이러한 대상들은 각 취향이 구체적으로 실현되도록 해줌으로써 취향을 규정할 수 있도록 해준다(부르디외, 2006: 416).

정통-프로-권투-거인체육관이라는 장에서의 계급 관계 구조는 권투-자본의 분배 상태에 의해 규정된다. 그런데 그 규정 또한 투쟁의 대상이다. 다시 말해 그것은 페어플레이, 무사무욕성, 용맹성이라는 정통(부르디외, 2006: 387)에 대한 지향인 '순수 취향'을 배타적으로 전유하기 위한 상징 투쟁의 대상이다. 그렇기 때문에 정통-프로-권투-거인체육관에서는 게임에서 이기기 위해 권투를 잘하는 것도 중요하지만, 그것 못지않게 아니 그것 이상으로 권투에 임하는 태도가 순수[11]한 것이 중요하다. 예를 들어 2012년 11월의 어느 늦은 저녁, 경기를 앞둔 베테랑과 입문한 지 이제 갓 일 년이 되어가는 진지한 풋내기 사이에 벌어진 (온전히 권투-자본에 대한 투쟁으로 환원될 수 없는) 스파링 상황에서, 적어도 그 순수함에 대한 투쟁의 순간에 한해서 프로 권투 선수와 일반인의 계급 관계 구조는 역전되었다. 비록 둘 사이에 실재하는 실력 차는 메울 수 없는 간극이기에 풋내기는 베테랑에게 압도적으로 많이 맞을

---

[11] 관장님의 가르침에 따르면 좋은 권투 선수는 "머리가 신선해야" 한다. 관장님 왈 — "운동선수는 머리가 신선해야 돼. 머리가 똥머리에다가 맨 노는 거 맨 나쁜 거만 생각하고 그러면 아무리 훈련을 잘하고 아무리 잘 먹고 잘 쉬어도 발전이 없어. 그냥 순진하고 신선하고 긍정적인 마인드 그게 있어야지 돼. 그래야 발전이 있지. … 권투 선수로 성공하려면 오로지 24시간 권투밖에 생각이 안 나야 돼. … (그러지 않으면) 세계 챔피언이 될 수 없어."

수밖에 없었지만 적어도 페어플레이, 무사무욕성, 용맹성에 대한 순수함만큼은 풋내기의 그것이 베테랑의 그것을 압도했다. 스파링을 지켜보던 관원들은 풋내기의 최선을 다하는 동작 하나하나에 환호를 보냈고 그 분위기에 압도된 베테랑은 오히려 당황했으며 그 분위기에 고취된 풋내기는 없던 기운까지 끄집어 방사하는 형국이었다. 스파링을 마친 후 링에서 내려와 다리가 풀린 풋내기에게 관장님은 이례적으로 칭찬을 했고 아직 기력이 남아 있던 베테랑은 그 반대급부로 크게 혼이 났으며 둘 사이에 발생한 순간적인 희비의 엇갈림은 각자의 얼굴에 고스란히 표정으로 기록되었다.

이처럼 취향은 "신체의 물리적 질서 안에 각인된 차이를 표상적 구별의 상징적 질서로 끌어올려 객관적으로 분류된 실천을 변형"시킨다(부르디외, 2006: 318). 즉 앞서 제시한 사례에서 베테랑과 풋내기 각각의 몸에 각인된 물리적 차이는 정통을 지향하는 체육관의 순수 취향에 의해 상징의 층위로 끌어올려졌고 적어도 그 순간 풋내기의 페어플레이, 무사무욕성, 용맹성이라는 상징 자본은 베테랑의 그것을 압도해버렸다. 그 결과, 스파링을 마친 후 링에서 내려온 두 사람의 표정에서 드러났듯이 객관적으로 분류된 실천은 이미 변형되었다. 이제 그들에게 다시 요구되는 것은 앞으로 지속적으로 이어질 투쟁에서 상대방을 압도하기 위해 상징적 질서를 다시 물리적 질서로 전환하는 과정, 스파링을 계기로 상징의 층위로 끌어올려졌던 페어플레이, 무사무욕성, 용맹성의 순수 취향을 다시 몸에 새겨 넣어 '머리가 신선한' 훈련자로 거듭나는 과정, 즉 구조화하는 구조이자 구조화된 구조 안에 존재하는 실천-발생 체계(부르디외, 2006: 312-316)를 변형시키기 위해 구조 안으로 직접 들어가는 권투 훈련의 과정이다. 구조 아닌 구조의 안으로.

참고 문헌

고프먼, 어빙, 2013, 『상호작용 의례』, 진수미 옮김, 서울: 아카넷.

권숙인, 1998, 「차 한 잔에의 초대: 현지조사, 인류학자의 정체성, 한국인의 일본 연구」, 『한국문화인류학』 31(1): 49-73.

기어츠, 클리포드, 2009, 『문화의 해석』, 문옥표 옮김, 서울: 까치글방.

김인형, 2008, 「댄스스포츠 매니아의 재미요인과 몰입경험 및 댄스스포츠 중독과의 관계」, 『한국스포츠사회학회지』 21(1): 129-149.

김주희, 2011, 『할 수 있다, 믿는다, 괜찮다』, 서울: 다산책방.

류재균, 2014, 「육상종목과 스포츠과학: 멀리뛰기」, 『물리학과 첨단기술』 23(6): 9-12.

메를로퐁티, 모리스, 2002, 『지각의 현상학』, 류의근 옮김, 서울: 문학과지성사.

메를로퐁티, 모리스, 2004, 『보이는 것과 보이지 않는 것』, 남수인·최의영 옮김, 서울: 동문선.

베케트, 사뮈엘, 2004(1966), 『고도를 기다리며』, 홍복유 옮김, 서울: 문예출판사.

부르디외, 피에르, 2006, 『구별짓기』, 최종철 옮김, 서울: 새물결.

부르디외, 피에르, 2013, 「상징자본과 사회계급」, 이상길 옮김, 『언론과 사회』 21(2): 10-33.

오명석, 2010, 「선물의 혼과 신화적 상상력: 모스 증여론의 재해석」, 『한국문화인류학』 43(1): 3-46.

오영훈, 2008, 「히말라야 등반에 투영된 의미체계」, 『한국문화인류학』 41(2): 79-114.

오희택, 2011, 「문래동의 장소성 변화와 문화 매개 도시재생 가능성 연구」, 서울대학교 환경대학원 환경계획학과 석사 학위논문.

유제분, 1996, 「메리 더글라스의 오염론과 문화 이론」, 『현상과 인식』 20(3): 47-63.

이길호, 2010, 「우리는 디씨: 사이버스페이스에서 증여, 전쟁, 권력」, 서울대학교 인류학과 석사 학위논문.

이상길, 2000, 「문화생산과 지배: 피에르 부르디외의 '장이론'에 대한 비판적 고찰」, 『언론과 사회』 9(1): 7-46.

이용숙·이수정·정진웅·한경구·황익주, 2012, 『인류학 민족지 연구 어떻게 할 것인가』, 서울: 일조각.

이창익, 2004, 『종교와 스포츠: 몸의 테크닉과 희생제의』, 서울: 살림.

이태신, 2000, 『체육학대사전: 학술 용어편』, 서울: 민중서관.

최종철, 2006, 「부르디외의 사회과학적 입장에 대하여」, 『구별짓기』, 서울: 새물결.

프로이트, 지그문트, 1997, 『쾌락 원칙을 넘어서』, 박찬부 옮김, 서울: 열린책들.

한병철, 2015, 『에로스의 종말』, 김태환 옮김, 서울: 문학과지성사.

홀, 애드워드, 2000, 『침묵의 언어』, 최효선 옮김, 서울: 한길사.

홍성훈, 2015, 「몸투기: 권투선수되기에 관한 인류학적 민족지」, 서울대학교 인류학과 석사 학위논문.

홍성훈, 2017, 「시원하게 맞았다!: 권투체육관에서 함께 태어나는 권투선수의 몸」, 『비교문화연구』 23(1): 349-387.

황익주, 2007, 「도시의 공간성과 지역공동체」, 『2007년도 한국가족관계학회 춘계학술대회 "가족·문화·커뮤니티" 발표논문집』: 1-21.

황익주, 2008, 「사회분화와 사회계급」, 『세상 읽기와 세상 만들기: 사회과학의 이해』, 김광억 편, 서울: 서울대학교 출판문화원.

황익주, 2010, 「적실성의 도전과 한국 인류학이 나가야 할 길」, 『우리 학문이 가야 할 길』, 한국학술협의회 편, 서울: 아카넷.

황익주, 2011, 「스포츠로 본 인간의 사회와 문화」, 『서울대 명품 강의 2: 인간 본성과 사회적 삶의 새로운 이해』, 오명석 편, 파주: 글항아리.

황익주·정헌목, 2012, 「도시 이벤트를 활용한 도시 지역 공동체 형성의 과제: 4개 도시 사례의 비교연구」, 『정신문화연구』55(2): 101-128.

Albert, David Z., 1992, *Quantum Mechanics and Experience*, Cambridge, Massachusetts & London: Harvard University Press.

Barthes, Roland, 1972, *Mythologies*, selected and translated from the French by A. Lavers, New York: Hill and Wang.

Boddy, Kasia, 2008, *Boxing: A Cultural History*, London: Reaktion Books.

Bourdieu, Pierre, 1990a, *In Other Words: Essays towards a Reflexive Sociology*, trans by M. Adamson, Stanford: Stanford University Press.

Bourdieu, Pierre, 1990b, *The Logic of Practice*, trans by R. Nice. Stanford: Stanford University Press.

Carsten, Janet, 1995, "The Substance of Kinship and the Heat of the Hearth: Feeding, Personhood, and Relatedness among Malays in Pulau Langkawi", *American Ethnologist* 22(2): 223-241.

Chambliss, Daniel F., 1989, "The Mundanity of Excellence: An Ethnographic Report on Stratification and Olympic Swimmers", *Sociological Theory* 7(1): 70-86.

Csikszentmihalyi, Mihaly, 1975, *Beyond Boredom and Anxiety*, San Francisco: Jossey-Bass Publishers.

Csordas, Thomas J., 1990, "Embodiment as a Paradigm for Anthropology", *Ethos* 18(1): 5-47.

Deleuze, Gilles, 2003, *Francis Bacon: The Logic of Sensation*, trans by D. W. Smith, London & New York: Continuum.

Downey, Greg, 2005, *Learning Capoeira: Lessons in Cunning from an Afro-Brazilian*

Art, Oxford and New York: Oxford University Press.

Downey, Greg, 2008, "Scaffolding Imitation in Capoeira: Physical Education and Enculturation in an Afro-Brazilian Art", *American Anthropologist* 110(2): 204-213.

Fisette, Jennifer L., 2015, "The Marathon Journey of My Body-Self and Performing Identity", *Sociology of Sport Journal* 32: 68-88.

Gorn, Elliott J., 1986, *The Manly Art: Bare-Knuckle Prize Fighting in America*, Ithaca & New York: Cornell University Press.

Hardin, Garrett, 1968, "The Tragedy of the Commoms", *Science, New Series* 162(3859): 1243-1248.

Hubert, Henri & Marcel Mauss, 1964, *Sacrifice: Its Nature and Function*, Chicago: The University of Chicago Press.

Jackson, Susan A. & Mihaly Csikszentmihalyi, 1999, *Flow in Sports,* Champaign, IL: Human Kinetics.

Lévi-strauss, Claude, 1969, *The Elementary Structures of Kinship*, trans by J. H. Bell, J. R. von Sturmer and R. Needham, Boston: Beacon Press.

Lindsay, Shawn, 1996, "Hand Drumming: An Essay in Practical Knowledge", in *Things as They Are: New Directions in Phenomenological Anthropology,* ed by Michael Jackson, Bloomington: Indiana University Press.

Low, Setha M., 1996, "Spatializing Culture: The Social Production and Social Construction of Public Space in Costa Rica", *American Ethnologist* 23(4): 861-879.

Mandell, Arnold J., 1979, "The Second Second Wind", *Psychiatric Annals* 9(3): 57-69.

Mauss, Marcel, 1973, "Techniques of the body", *Economy and Society* 2(1): 70-88.

Miller, Daniel, 1987, *Material Culture and Mass Consumption*, New York: Blackwell.

Miller, Daniel, 2005, "Materiality: An Introduction", in *Materiality*, ed by D. Miller, Durham & London: Duke University Press.

Mitchell, Richard G., 1983, *Mountain Experience: The Psychology and Sociology of Adventure*, Chicago: University of Chicago Press.

Oates, Joyce Carol, 2006, *On Boxing*, New York: Harper Perennial.

Palmer, Catherine, 2003, "Introduction: Anthropology and Sport", *The Australian Journal of Anthropology* 13(3): 253-256.

Samudra, Jaida Kim, 2008, "Memory in Our Body: Thick Participation and the Translation of Kinesthetic Experience", *American Ethnologist* 35(4): 665-681.

Satterlund, Travis D., 2012, "Real, but Not Too Real: A Hierarchy of Reality for Recreational Middle-Class Boxers", *Sociological Perspectives* 55(3): 529-551.

Saussure, Perdinand de, 1959, *Course in General Linguistics*, ed by C. Bally & A. Sechehaye, trans by W. Baskin, New York: Philosophical Library.

Scheper-Hughes, Nancy & Margaret M. Lock, 1987, "The Mindful Body: A Prolegomenon to Future Work in Medical Anthropology", *Medical Anthropology Quarterly, New Series*. 1(1): 6-41.

Schüll, Natasha Dow, 2005, "Digital Gambling: The Coincidence of Desire and Design", *Annals of the American Academy of Political and Social Science* 597: 65-81.

Sharpe, Erin K., "Delivering Communitas: Wilderness Adventure and the Making of Community", *Journal of Leisure Research* 37(3): 255-280.

Swyers, Holly, 2010, *Wrigley Regulars: Finding Community in the Bleachers,* Urbana: University of Illinois Press.

Tarski, Alfred, 1944, "The Semantic Conception of Truth: and the Foundations of Semantics", *Philosophy and Phenomenological Research* 4(3): 341-376.

Turner, Victor, 1967, *The Forest of Symbols: Aspects of Ndembu Ritual*, Ithaca & London: Cornell University Press.

Turner, Victor, 1969, *The Ritual Process: Structure and Anti-structure*, London: Routledge.

Turner, Victor, 1979, "Frame, Flow and Reflection: Ritual and Drama as Public Liminality", *Japanese Journal of Religious Studies* 6(4): 465-499.

Turner, Victor, 1982, *From Ritual to Theatre: The Human Seriousness of Play*, New York: PAJ Publications.

Wacquant, Loïc J.D., 2004, *Body & Soul: Notebooks of an Apprentice Boxer*, Oxford & New York: Oxford University Press.

Wilf, Eitan, 2010, "Swinging within the Iron Cage: Modernity, Creativity, and Embodied Practice in American Postsecondary Jazz Education", *American Ethnologist* 37(3): 563-582.

참고 기사 및 영화

『동아일보』 1982년 12월 24일.

『한겨레』 2010년 9월 12일.

SBS 2015년 4월 3일; 2015년 4월 26일; 2015년 5월 1일; 2015년 5월 7일.

연합뉴스 2004년 12월 19일.

〈챔피언〉, 곽경택 감독, 대한민국: 진인사필름, 2002.

Rocky, directed by John G. Avildsen, USA: Chartoff-Winkler Productions, 1976.

Raging Bull, directed by Martin Scorsese, USA: Chartoff-Winkler Productions, 1980.

Boxing Gym, directed by Frederick Wiseman, USA: Zipporah Films, 2010.